KB176006

열다섯, 고민이 있어요

흔들리는 10대를 위한
마흔일곱 가지
질문과 해답

열다섯,
고민이 있어요

마쓰다 미히로 지음

쿠쿠

열다섯 살은 여러모로 힘든 시기입니다. 대부분 중학생이 된 나이일 텐데요. 갑자기 교복을 입어야 하고, 정기적으로 시험을 치러 다른 친구와 점수를 비교당하기도 하고, 동아리 활동을 하며 엄격한 상하 관계를 겪는 등 갑작스러운 환경 변화에 혼란스러워하는 사람도 많습니다.

더구나 열다섯 살은 이른바 '사춘기'가 시작되는 시기입니다. 사춘기는 몸과 마음이 점점 어른처럼 성장하는 시기로, 자신의 신체적 변화에 놀라기도 하고 불안이나 초조함을 느끼기도 할 겁니다.

하지만 안심하시기를 바랍니다. 이렇게 여러 가지 일 때문에 고민한다는 건 자연스러운 성장 과정 가운데 하나니까요. 아니, 오히려 '좋은 현상'이라고 말할 수도 있습니다. 고민하고 있다는 건 생각하고 있다는 뜻이기 때문입니다.

생각한다는 건 매우 중요합니다. 인간과 동물을 구분할 때 가장 중요한 기준이 되기도 하지요. 실제로 지금까지 많은 사람이 끊임없이 생각하고 연구한 덕분에 인터넷, 스마트폰처럼 편리한 도구도 탄생해 우리가 쾌적한 생활을 누릴 수 있게 되었습니다.

특히 여러분이 어른이 될 즈음엔 '생각'이라는 과정이 지금보다 더욱 중요해질지도 모릅니다. 인공지능이 날로 똑똑해지고 있으니까요. 하지만 인공지능은 수많은 정보를 수집하고, 정리하고, 분석하는 일은 뛰어날지 몰라도 새로운 아이디어를 떠올리거나 문제 해결 방법을 생각하는 일에는 서툽니다. 바꾸어 말하면 '생각하는 일'은 아직 인간만이 할 수 있다는 의미입니다. 그러니 생각하는 과정은 인공지능과 비교했을 때 여러분에게 아주 큰 무기가 되어줄 것입니다.

본문을 보시면 저는 중고등학생 친구들의 고민거리에 '질문' 형식으로 답변했습니다. 이 책에서 가장 강조하고 싶은 부분입니다. 보통 누군가에게 고민 상담을 하다 보면 그에 대한 대답을 듣게 됩니다. 다만, 대답은 우리를 너무 쉽게 수긍하도록 만듭니다. 그래서 자칫 스스로 생각하는 일을 멈추기 쉬워지지요.

저는 여러분이 '생각하는 힘'을 기르길 바랍니다. 생각하는 방법만 알면 다른 고민에 부딪히더라도 혼자 대처할 수 있고, 또 스스로 고민을 해결할 수 있기 때문입니다. 그렇게 기른 힘은 어른이 된 후에도 여러분에게 든든한 버팀목이 되어줄 것입니다.

제 직업은 '질문가'입니다. 조금 특이하죠. 이름처럼 다양한 사람에게 질문을 던지는 직업이지요. 저는 질문이 인생을 바꿀 수 있다고 믿습니다. 열다섯 살은 생각이 많아지는 시기이지만, 동시에 무엇이든 할 수 있는 시기이기도 합니다. 많은 청소년이 이 책을 통해 생각하는 힘을 키우고, 그 힘을 바탕으로 즐거운 일상을 보내면 좋겠습니다. 그 기쁨에 이 책이 조금이나마 도움을 줄 수 있다면 더할 나위 없이 좋겠네요.

마쓰다 미히로

이 책에 실린 마흔일곱 가지 고민거리는 모두 제가 실제 청소년 들에게 상담 요청을 받았던 내용입니다. 저는 이러한 고민에 우리 모두 스스로 생각해 볼 수 있도록 '질문' 형식으로 답했습니다. 더 나아가 그 질문에 대한 해설과 조언도 담았으니 꼭 활용해 보시기 를 바랍니다.

책을 읽기 전에 주의해야 할 점 역시 있습니다.

만약 고민을 안고 있다면 어떤 일을 심각하게 받아들이는 스타 일이 아닐까 생각하는데요. 그런 분들이라면 다음 세 가지를 기억 하며 책을 읽어 나가시면 좋겠습니다.

① 질문의 답은 모두 정답이다. 무조건 옳거나, 반드시 틀린 답 은 없다.
② 힘들면 무리하게 생각하거나 대답하지 않아도 된다.
③ 나에게 해당하는 곳만 골라 읽어도 상관없다.

학교에서 시험을 칠 때는 맞는 답을 써서 내야 하는데, 그것과 완전히 반대되는 규칙이지요? 이상해 보일 수도 있겠군요. 그러나 막상 세상에 나가보면 '절대적으로 옳은 정답'은 없을 때가 훨씬 많습니다.

어떤 답이든 좋습니다. 그리고 답이 하나든, 여러 개든 상관없습니다. 잘 모르겠으면 모르겠다고 대답해도 됩니다.

지금은 답을 내릴 수 없겠지만, 계속 질문을 따라가다 보면 여러분의 머릿속에서 답을 찾는 스위치가 켜질 테니까요. 생각은 그렇게 자연스럽게 시작됩니다. 원하는 답이 바로 나오지 않을 수도, 시간이 흘러 문득 답이 떠오를 때도 있지요.

어떤가요. 이 정도라면 부담 없이 대답해 볼 수 있겠지요?

너무 심각하게 생각하지 않아도 됩니다. 어깨 힘을 빼고 편안한 마음으로 읽어 봅시다.

목차

• 1장 •

친구 관계

01

친구가 별로 없어요.
어떻게 하면 친구를 많이 사귈 수 있을까요?

생각하는 질문

그 친구와의 공통점이 무엇인가요?

나 역시 친구가 별로 없는 편이었다. 같은 반 아이들은 신나게 노는데, 나는 어쩐지 그 속에 잘 섞이지 못하는 성향이었다.

그랬던 내가 지금은 여러 나라를 여행하며 거기서 다양한 사람을 만난다. 세계 각지에 친구들이 있는 셈이다. 소심했던 내가 이렇게 친구를 많이 사귈 수 있었던 비결이 뭘까?

그건 바로 처음부터 무리하게 친구를 사귀려고 노력하지 않았다는 점이다. 대신 내 곁에 있는 친구 한 명과의 관계를 소중히 여기려 노력했다. 그랬더니 그 친구와 친한 다른 아이와도 관계가 이어졌고, 또 그 아이와 가까운 다른 아이와도 신뢰 관계를 형성할 수 있었다. 그렇게 하나둘씩 친구가 늘어난 셈이다.

그래서 나는 친구란 딱 한 명만 있어도 된다고 생각한다. 그런데 그 한 명은 도대체 어떻게 만드는 거냐고? 그 친구와 나 사이에 있는 공통점을 생각해 보면 된다.

① 사는 곳, 자주 놀러 가는 장소
② 지금까지 해온 운동이나 취미
③ 좋아하는 게임, 애니메이션, 유튜브

뭐든 괜찮다. 공통점이 있다면 그것만으로 충분히 친해질 수 있기 때문이다. 무슨 이야기를 하면 좋을지 고민할 필요도 없다는 게 더 좋다.

생각 힌트

친구를 꼭 많이 사귈 필요가 있을까?

자기소개를 해야 하는데,
무슨 말을 꺼내야 할지 모르겠어요.

생각하는 질문

'나의 키워드' 세 가지를 든다면?

나는 직업 특성상 강연을 많이 다니기 때문에 여러 사람 앞에서 이야기할 기회가 많은 편이다. 보통 강연에 앞서 자기소개를 하는데, 보통은 이런 식이다.

"제가 좋아하는 것은 바다, 온천, 초밥입니다."

무척 간단한 자기소개지만 강연 후 이 소개를 들은 청중으로부터 이런 반응이 온다.

"저도 온천을 좋아해요. 미히로 선생님은 보통 어느 온천에 가세요?"라고 말이다. 이런 질문으로부터 서로를 알아가는 과정이 시작된다는 것을 잊지 말자.

앞 장에서 친구를 사귀고 싶다면 공통점을 찾아보라고 언급했었다. 자기소개를 할 때는 그 반대다. 다른 사람이 나와의 공통점을 쉽게 발견할 수 있도록 하면 된다.

나에 관한 키워드 세 가지는 그럴 때 효과적이다. 키워드가 너무 많으면 듣는 사람이 기억하기 힘들 수도 있기 때문이다.

생각 힌트

어떤 식으로 자기소개를 하면
듣는 사람이 나에게 말을 걸기 쉬울까?

03

반이 바뀌면서 친한 친구 무리와 떨어져
외톨이가 된 느낌이에요.

생각하는 질문

혼자 지내고 싶은가요?
아니면 새로운 무리에 들어가고 싶나요?

나도 비슷한 경험을 한 적이 있다. 친한 아이들끼리 무리를 지어 노는 모습을 보고 부러워하며 바라보았다. 특별히 무슨 일이 있었던 것도 아닌데 소외감을 느낄 때도 많았다. 그렇지만 혼자 있는 것도 한편으로는 마음이 편했다.

보통 혼자 있으면 누군가와 함께 다니고 싶다든지, 어떤 무리에 들어가고 싶다고 생각하기 쉽다. 하지만 일단 자신의 감정을 확인해 보는 것도 좋다. 혼자 있는 시간도 나름대로 장점이 있기 때문이다.

물론 반에서 새로운 친구 무리에 들어가고 싶다면 그 친구들에게 적극적으로 말을 거는 등의 노력이 필요할 것이다. 만약 다른 반이 된 친구와 계속해서 친하게 지내고 싶다면 그 친구와 연락을 이어 나가는 것도 방법이다.

　중요한 건 어느 한쪽이 좋거나 나쁘다고 말할 수 없다는 점이다. 내가 어떻게 하고 싶은지, 그러기 위해 어떻게 하면 좋을지를 결정하는 게 중요하다.

생각 힌트

혼자 지내는 게 안 좋은 걸까?

말주변이 없어서
친구와 대화를 하면 오래 이어지지 않아요.

생각하는 질문

친구가 하는 일 중에서 무엇을 알고 싶은가요?

보통 이야기가 이어지지 않을 때는 상대방에게 관심이 없을 때가 많다. 다시 말해 이야기가 금세 끊긴다는 것은 어쩌면 내가 그 친구에 대해 그렇게까지 알고 싶지 않다는 증거일지도 모른다.

그렇다면 애초에 무리해서 이야기할 필요가 없지 않을까.

만약 그런 이유가 아니라면 그 친구의 어떤 점을 알고 싶은지 생각해 보고, 친구에게 그것부터 질문해 보자. 내가 정말 그 친구에 대해 알고 싶은 일이라면 더 물어보고 싶어져서 자연스럽게 대화가 이어질 것이다.

다른 사람과 소통할 때는 크게 두 가지 방법이 있다.

하나는 나에 관해 이야기하는 것이고, 다른 하나는 상대방의 이야기를 끌어내는 것이다. 말주변이 없는 사람이라면 이야기를 듣는 역할을 하면 된다. 친구도 자신에 관한 일이라면 이야기하기 쉬울 테고 무엇보다 내가 호의와 관심이 있다는 사실을 알아차릴 것이다.

말을 잘하고 못하고보다 상대방에게 관심이 있는지 없는지가 더욱 중요하지 않을까.

생각 힌트

그 친구에 대해 왜 알고 싶은 걸까?

친구와 싸웠는데 친구를 화나게 했어요.
화해하려면 어떻게 해야 할까요?

생각하는 질문

싸우게 된 '계기'는 무엇인가요?

싸우고 난 직후에는 흥분도 가라앉지 않았을 테고 충격도 크기 마련이다. 그럴 때는 먼저 크게 심호흡을 하자. 그리고 '싸웠을 때의 질문 목록'에 적힌 질문을 차례대로 자신에게 던져보자.

① 싸우게 된 계기는 무엇일까?
② 그때 나는 어떤 기분이 들었나?
③ 사실은 친구가 어떻게 해주길 바랐나?
④ 상대방은 마음이 어땠을까?
⑤ 앞으로 어떤 관계가 되기를 바라는가?
⑥ 상대방에게 무엇을, 어떻게 전하고 싶은가?

친구와 화해하고 싶다면 내가 할 수 있는 일은 나의 기분을 상대방에게 전하는 것이다. 여기서 중요한 건 첫 번째 질문이다. 우선 무슨 일이 일어났는지 사실을 그대로 바라보는 것이다. 상대방이 화내는 이유와 내가 생각하는 상대방이 화난 이유에 대한 인식의 차 때문에 싸움이 더 커질 때도 있기 때문이다(부부싸움에서 흔히 있는 경우다).

사실을 인식했다면, 먼저 자신의 감정을 확인하고 나서 상대방의 마음과 상황을 상상해 보길 바란다.

물론 화해하기 어려운 경우도 있다. 내가 아무리 감정을 상대방에게 전해도 상대방의 기분이나 행동은 마음대로 할 수 없으니 말이다. 그래서 화해할 수 없다는 사실을 받아들여야 할 때도 있다.

만약 어떻게 해서든 친구와 화해하고 싶다면 그 친구를 위해 내가 할 수 있는 일을 실천해 보는 것도 방법이다. 하지만 그때도 상대방을 바꾸려고 하거나 대가를 바라서는 안 된다.

생각 힌트

싸우기 전의 마음과 상황은 어땠을까?

저를 놀리는 친구가 있는데 정말 싫어요.
어떻게 하면 그만두게 할 수 있을까요?

생각하는 질문

어떤 내가 되고 싶은가요?

나를 놀리는 친구를 멈추게 하고 싶겠지만 상대방을 바꾸기란 무척 어려운 일이다. 게다가 그 친구가 나를 놀리지 못하게 하는 데 성공했다 하더라도 또 다른 친구가 놀릴 수도 있다.

그러므로 '나를 바꾸는' 방법을 제안하고 싶다. 상대방에게 무슨 말을 들어도 상처받지 않는 내가 되는 것이다. 절대 불가능하다고 생각할지도 모르지만 그렇지 않다. '자신을 바꾸는 방법'은 있다.

그 방법은 바로 나를 응원하는 말을 스스로 하는 것이다. 말의 힘은 우리가 생각하는 것보다 대단해서 사람의 기운을 크게 북돋아 준다. 그러니 자신에게 응원의 말을 걸어 보길 바란다.

내가 어떤 말을 들었을 때 기쁜지 생각해 보자. "씩씩하구나.", "멋있다.", "예쁘다.", "다정하다.", "뭐든지 잘 하는구나." 이런 말이 있을 것이다.

그럼 떠오른 말을 '나는 씩씩하다', '나는 멋있다.', '나는 예쁘다.', '나는 다정하다.' 이런 식으로 노트에 스무 개 정도 써 보자.

물론 적는 것조차 쑥스러울지도 모른다. 그래서 이걸 아무에게도 보여주지 않는 '나를 응원하는 비밀 노트'로 삼는 것이다. 그리고 여기에 쓴 말을 매일 나에게 걸어보자. 그러면 나를 놀리는 친구의 말에 더는 상처받지 않게 될 것이다.

내가 어떤 말을 들었을 때 기쁜지 잘 떠오르지 않는다면 스스로 부정적으로 생각하는 점을 긍정적인 표현으로 바꿔보면 된다. 예를 들어 덩치가 큰 게 싫다면 '나는 든든하다' 등의 말로 바꿔보는 식이다.

'나를 응원하는 비밀 노트'는 자기긍정감을 높여주는 효과가 있다. 특히 기운이 없거나 우울할 때 이 노트를 보면 힘이 날 것이다. 꼭 한번 실천해 보기를 바란다.

생각 힌트

나는 어떤 말을 들으면 기쁜가?

친구가 같이 놀자고 할 때
잘 거절하는 방법이 있나요?

생각하는 질문

내 마음은 어떤가요? 어떻게 하고 싶나요?
그 이유는 무엇인가요?

잘 거절하고 싶은 이유는 나의 거절 때문에 상대방과의 관계를 나쁘게 만들고 싶지 않다는 마음이 있기 때문일 것이다. 예를 들어 친구가 노래방에 같이 가자고 권유했을 때 '같이 안 가면 다음엔 나를 안 부르겠지?' 혹은 '친구가 실망하겠지'라는 생각 때문에 무리해서 가는 경우가 있을지도 모른다.

거절할 때는 이유를 같이 말하는 편이 좋다.

"(왜냐하면) 노래방은 좋아하지 않거든."
"(왜냐하면) 오늘은 숙제를 다 못했어."

흔히 거절 의사를 밝힐 때 '갈 수 없다'는 결과만 전하고 이유까지 말하는 경우는 의외로 드물다. 그런데 거절하는 이유를 말하지 않으면 상대방도 '나를 싫어하나?', '앞으로는 안 부르는 편이 좋겠다'라고 느끼기 마련이므로 서로 관계가 어색해지고 만다.

물론 이유를 말해도 친구가 억지로 끌고 가려고 할 수도 있다. 그럴 때는 나를 주어로 해서 내 감정을 상대방에게 말하는 방법을 사용해 보자.

"나는 이런 기분이야."
"나는 이렇게 생각해."

앞에서도 말했듯이 상대방을 바꾸기란 쉽지 않다. 그러므로 여기서도 내 생각과 감정을 확실히 밝히는 것이 중요하다. 상대방에게만 맞추다 보면 나중에 관계가 더 힘들어진다.

이렇게 나를 주어로 삼아 감정을 전하는 방법을 심리학에서는 '나 전달법(I Message)'이라고 부른다. 모든 상황에서 이 방법으로 문제 해결이 가능하다고 장담할 수는 없지만, 자신의 감정을 표현하지 않는 것보다는 발전할 수 있지 않을까.

생각 힌트

나는 어떻게 하고 싶은가?

친구가 은근히 저를 무시하거나
저에게 불만을 늘어놓아요.
듣고 있기가 힘들어요.

생각하는 질문

친구의 말을 표면적으로 받아들이고 있나요?
아니면 있는 그대로 받아들이고 있나요?

이런 상황에 놓이면 난처하기 마련이다. 상대방과 거리를 두고 엮이지 않는 게 가장 좋은 방법이지만 그럴 수 없을 때도 있다.

의사소통을 할 때 상대방의 말에 반응하는 방법에는 두 가지가 있다. 바로 '표면적으로 받아들이는' 것과 '그대로 받아들이는' 것이다.

표면적으로 받아들인다는 것은 나를 둘러싼 벽을 만들어서 상대방의 말이 그 벽 안으로 침범하지 못하게 하는 모습을 연상하면 이해하기 쉽다.

상대방이 하는 말은 일단 이 벽에 막히게 되므로 '아, 너는 그렇게 생각하는구나', '응~ 그렇구나', '대단하네'라고 담담하게 받아칠 수 있다.

반대로, 있는 그대로 받아들인다는 것은 이 벽이 없는 상태다. 그러면 친구가 늘어놓는 자랑이나 불만이 그대로 내 마음속으로 들어가게 된다. 그러다 보면 결국 그 말에 큰 영향을 받는다.

내가 상대방의 생각에 공감한다면 그대로 받아들여도 괜찮다. 하지만 그렇지 않다면 무리해서 받아들일 필요는 없다.

친구의 자랑이나 무시 섞인 말을 대화 중에 그대로 받아들이고 있다고 느꼈던 적이 있는가. 그렇다면 나와 친구 사이에 오가는 말을 표면적으로 받아들일 수 있도록 벽을 만들어 보자.

생각 힌트

나와 친구 사이에 말을 표면적으로 받아들여 주는
벽이 존재하는가?

09
사이가 좋았던 무리의 친구들이
갑자기 저한테 말을 걸지 않아요.
어떻게 하면 다시 대화할 수 있을까요?

생각하는 질문

지금 나의 감정은 어떤가요?

갑자기 이런 일이 벌어지면 누구라도 당장 해결하고 싶을 것이다. 하지만 그 전에 지금 내 감정이 어떤지 살펴볼 필요가 있다. 슬프다, 괴롭다, 화난다 등, 다양한 감정이 복합적으로 작용해서 어느 것이 진짜 자기감정인지 파악하기 어려울 수도 있고, 그런 부정적인 감정을 스스로 깨닫는 것 역시 무척 힘든 과정일지 모른다.

하지만 자기감정을 객관적으로 바라보는 것은 매우 중요하다. 어떤 것이든 객관적으로 바라봐야 진실을 제대로 파악할 수 있기 때문이다. 반대로 감정을 확인하지 않은 채로 있으면 애매한 감정 때문에 정작 진실과는 다른 문제로 고민하게 될 수도 있다. 따라서 지금 내가 어떤 감정 상태인지를 중요하게 여기기를 바란다.

어쩌면 원인이 내 행동에 있다고 여겨 '나 때문이야', '내가 잘못

한 거야'라며 자신을 탓하는 사람이 있을지도 모른다. 하지만 그럴 필요는 없다. 중요한 건 내 감정과 생각이기 때문이다.

그러기 위해서라도 앞에서 언급한 '나를 응원하는 비밀 노트'를 활용하면 좋다. 힘이 나지 않거나 우울할 때일수록 이 노트를 펼치고 나에게 응원의 말을 걸어 보자. 스스로 기운을 북돋운 상태를 유지하도록 하자.

그런 다음 친구들이 왜 갑자기 말을 걸지 않게 됐는지를 생각해 보기를 바란다. 이때 문제 해결을 위한 질문 패턴을 사용하면 효과적인데, 질문 패턴은 아래와 같다.

[문제 해결을 위한 네 가지 질문]

① '무슨 일이 일어난 것인가?'
현재 발생한 문제를 명백하게 하는 단계다.
무리의 친구들에게 핸드폰 메시지를 보냈을 때 아무도 답장을 안 해줄 수 있고, 말을 걸어도 아무런 대꾸가 없을 수 있다.

② '확실한가?'
이 질문으로 확인하는 단계다.
내가 인식한 상황이 사실이 아닐 수도 있고 혼자만의 오해일 수도 있다. 그러므로 반드시 확인이 필요하다.

③ '그래서 어떻게 하고 싶은가?'
앞으로 어떻게 하고 싶은지를 생각하는 단계다.
예전처럼 친구들과 사이좋게 지내고 싶다는 답을 도출할 수도 있다.

④ '어떻게 하면 좋을까?'

마지막으로 이 질문을 던져 행동으로 연결하는 단계다.
'이런 식으로 말을 걸어 보면 어떨까?'라고 생각할 수도 있다.

지금은 단순한 예를 들었지만, 아마 생각해도 바로 답이 나오지 않거나 아예 답을 모르겠을 때도 많을 것이다. 하지만 이 같은 사고방식을 알아 두면 문제가 발생했을 때 스스로 생각하고 행동할 수 있다.

생각 힌트

어떤 상태가 되기를 바라는가?

문제 해결을 위한 네 가지 질문

① '무슨 일이 일어난 것인가?'(what?)

눈앞에 일어난 문제를 명확히 하기 위한 질문이다. '무엇이 문제라고 생각하는가?'에서부터 시작한다.

② '확실한가?'(Are you sure?)

'무슨 일이 일어난 것인가?' 질문으로 도출한 답을 확인하기 위한 질문이다. 자신의 오해는 아닌지, 사실이 맞는지를 확인하기 위해 '확실한가?', '그 문제는 정말로 해결하고 싶은 문제인가?'라고 질문을 던져 확인한다.

이 단계는 매우 중요하다. 백 퍼센트 그렇다고 말할 수 있는 경우도 있겠지만, 다른 답이 나올 수도 있다. 그럴 때는 '왜 그렇게 생각하는지?'를 자신에게 물어보고, 도출된 답에 대해서도 다시 한번 '무슨 일이 일어난 것인가?' 질문을 던짐으로써 반복해서 생각해 나간다.

③ '그래서 어떻게 하고 싶은가?'(What do you want?)

미래에 대한 질문이다. 이 문제가 해결되면 사태가 어떤 식으로 좋아질지를 생각한다. 이 타이밍에 이 질문을 하면 뭐라고 대답해야 할지 몰라 혼란스러울 수도 있다. 하지만 그래도 괜찮다. 혼란을 느끼면서 도출한 답은 해결을 위한 힌트가 되기 때문이다.

④ '어떻게 하면 좋을까?'(How?)

구체적인 접근법을 생각하는 질문이다. 생각만으로는 상황을 변화시킬 수 없지만, 이 질문에 대답할 수 있다면 행동으로 이어갈 수 있다. 그리고 행동으로 옮기면 변화가 일어날 것이다. 그러면 다시 '무슨 일이 일어난 것인가' 질문으로 돌아가 질문 사이클을 반복한다.

학교에 가기 싫어요.
어떻게 하면 제 마음을 돌릴 수 있을까요?

생각하는 질문

어떻게 하고 싶은가요?

사실 학교는 가도 되고, 가지 않아도 된다. 이 사실을 전제로 해서 '생각하는 질문'을 작성해 보았다. 이런 고민을 안고 있는 이유는 아마도 '학교란 꼭 가야 하는 것'이라는 생각이 일반적이기 때문일 것이다. 그런 경우라면 학교에 가기 싫다는 건 있을 수 없는 일이라거나, 학교는 무슨 일이 있어도 가야되는 것으로 생각하기 쉽다.

그러므로 이 질문을 통해 내가 정말 학교에 가고 싶은지를 알 필요가 있다. 만약 마음속으로는 가고 싶지 않은데 무리해서 학교에 가려는 상황이라면, 가고 싶지 않은 감정을 쏟아내기를 바란다.

지금까지 혼자 끙끙대며 끌어안고 있는 감정은 없는지?
나는 정말 어떻게 하고 싶은지?

이 질문에 대해 생각한 끝에 가고 싶다는 마음이 들었다면 학교에 가기 위한 여러 가지 방법을 함께 생각해 보자. 우선 '왜 학교에 가고 싶은가?'라는 질문을 던져 가고 싶은 이유를 확인하고 '학교에 가기 싫은 이유는 무엇이었는가?'라는 질문으로 갈 수 없었던 이유를 살펴본다.

그리고 학교에 간다는 가정하에 다양한 관점에서 질문을 던져 보자.

"무엇이, 어떻게 되면 갈 수 있을까?"
"일주일에 몇 번 정도라면 가고 싶은가?"
"하루에 몇 분 정도라면 가고 싶은가?"
"학교에 갈 수 있도록 도와줄 사람은 누가 있는가?"
이런 식으로 말이다.

학교에 '간다', '가지 않는다'처럼 어느 쪽을 반드시 선택하는 형태가 아니라, '갔다가 쉬었다가'와 같은 형태로 생각해 나가도 상관없다.

생각 힌트
정말 학교에 가고 싶은가?

1장 정리

01. 친구가 별로 없어요. 어떻게 하면 친구를 많이 사귈 수 있을까요?
　⋯ 그 친구와의 공통점이 무엇인가요?

02. 자기소개를 해야 하는데, 무슨 말을 꺼내야 할지 모르겠어요.
　⋯ '나의 키워드' 세 가지를 든다면?

03. 반이 바뀌면서 친한 친구 무리와 떨어져 외톨이가 된 느낌이에요.
　⋯ 혼자 지내고 싶은가요? 아니면 새로운 무리에 들어가고 싶나요?

04. 말주변이 없어서 친구와 대화를 하면 오래 이어지지 않아요.
　⋯ 친구가 하는 일 중에서 무엇을 알고 싶은가요?

05. 친구와 싸웠는데 친구를 화나게 했어요. 화해하려면 어떻게 해야 할까요?
　⋯ 싸우게 된 '계기'는 무엇인가요?

06. 저를 놀리는 친구가 있는데 정말 싫어요. 어떻게 하면 그만두게 할 수 있을까요?
　⋯ 어떤 내가 되고 싶은가요?

07. 친구가 같이 놀자고 할 때 잘 거절하는 방법이 있나요?

    ⋯→ 내 마음은 어떤가요? 어떻게 하고 싶나요?

    ⋯→ 그 이유는 무엇인가요?

08. 친구가 은근히 저를 무시하거나 저에게 불만을 늘어놔요. 듣고 있기가 힘들어요.

    ⋯→ 친구의 말을 표면적으로 받아들이고 있나요? 아니면 있는 그대로 받아들이고 있나요?

09. 사이가 좋았던 무리의 친구들이 갑자기 저한테 말을 걸지 않아요. 어떻게 하면 다시 대화할 수 있을까요?

    ⋯→ 지금 나의 감정은 어떤가요?

10. 학교에 가기 싫어요. 어떻게 하면 제 마음을 돌릴 수 있을까요?

    ⋯→ 어떻게 하고 싶은가요?

· 2장 ·

나

11

자신감이 안 생겨요.
자신감을 키울 수 있는 방법을 알고 싶어요.

생각하는 질문

나에게 어떤 말을 해 주고 싶은가요?
자신감이 없어도 할 수 있는 일에는 무엇이 있을까요?

자신이 없다든지, 자신감을 키우고 싶다는 고민을 안고 있는 사람이 많을 것이다. 하지만 웬만해서 자신감을 기르기란 쉽지 않다. 지금까지 천 명도 넘는 청중 앞에서 수백 번이나 강연회를 해 왔지만, 누군가 내게 사람들 앞에서 이야기하는 것에 대해 '자신이 있나요?' 하고 묻는다면 내 대답은 '아니오'다. 강연할 때마다 항상 긴장하고 별 탈 없이 잘할 수 있을지 늘 불안하기 때문이다.

그런데 자신이 없다는 게 나쁜 걸까? 생각해 보면 꼭 그렇지도 않다. 오히려 자신이 없기에 '어떻게 하면 잘 해낼 수 있을까?' 하고 스스로 질문을 던지며 열심히 궁리하게 된다. 만약 자신감이 넘친다면 '이만하면 됐어!' 하고 만족하는 데 그쳐서 그 이상 성장하기 힘들지 않을까.

그럼 어떻게 해야 자신감이 생기는지 방법을 알아보자. 자신이 없다는 것은 '불안하다'는 증거라고 생각한다. 불안에 대처하는 방법으로는 두 가지가 있다.

첫 번째는 '스스로 안심시키는 말을 거는 것'이다. 불안은 내가 느끼는 감정이고, 감정은 사실 말에서 비롯된다고 할 수 있다. 그래서 '나를 응원하는 비밀 노트'에서도 기운을 북돋우는 말을 모은 것이다. 실수나 실패에 대한 두려움 때문에 불안하다면 나를 안심시킬 수 있는 말을 많이 걸어 보자.

두 번째는 내 감정을 '하고 싶은 것'과 '할 수 있는 것'에 집중시키는 것이다. 예를 들면 실제로 나는 강연회를 찾아주신 분들을 기쁘게 해드리고 싶다. 이것은 자신감 여부와 상관없이 내가 하고 싶은 일이다. 그래서 거기에 정신을 집중하고 그저 내가 할 수 있는 일을 생각해서 실행한다. 그러면 자신감이 없어서 불안하다는 생각 따위는 어느새 사라지고 만다.

생각 힌트

자신감이란 정말 필요한 걸까?

12

잘하는 게 하나도 없어요.
어떻게 하면 발견할 수 있을까요?

생각하는 질문

응원하고 싶은 친구가 있나요?
친구의 어떤 부분을 도울 수 있나요?
해 보고 싶은 일은 무엇인가요?

20대 때, 경영하던 회사 사장 자리에서 해고당한 적이 있다(사장이어도 잘릴 수 있다). 그러자 나는 무엇 하나 잘하는 게 없는 사람이라는 좌절감에 빠졌다. 하지만 그래도 경영을 제대로 배워야겠다고 생각했고 다른 사장님을 보조하는 일을 시작했다.

내가 할 수 있는 일은 무엇이든 했다. 그중에서도 가장 많이 했던 일은 강연회 보조였는데 주로 강연회 회장 예약, 신청 페이지 작성, 홍보 및 청중을 모으는 일이었다. 처음에는 사람이 전혀 모이지 않았지만, 경험을 쌓아감에 따라 홍보문을 어떻게 작성해야 청중을 많이 모을 수 있는지 노하우를 터득할 수 있었다. 그러는 사이 내가 강연하는 사람이 되었다. 지금은 강연회를 열고 청중

앞에서 이야기하는 게 내가 잘하는 것이라고 말할 수 있겠다.

그런데 과연 나 혼자만의 노력으로 여기까지 올 수 있었을까. 혼자였다면 불가능했을 것이다. 아마 도중에 포기했을 것 같다. 실제 사장님과 인연이 있었기 때문에 자연스럽게 강연회 개최를 도울 기회가 생겼고, 피드백도 받을 수 있었으며, 내가 도움이 되고 있다고 실감할 수 있었다. 그러므로 잘하는 게 없다고 해서 무조건 그걸 찾으려고 하기보다는 다른 사람을 돕거나 지원하는 일을 하다 보면 자연히 나의 강점을 발견할 수 있을 것이다.

또 자신의 강점은 좋아하는 대상이나 하고 싶은 일 속에 숨어 있을 때도 있다. 예를 들어 초등학교 때 구구단이나 한자 암기에는 애를 먹었지만, 게임이나 애니메이션 캐릭터 이름은 순식간에 외운 경험이 있는 사람도 있을 것이다. 그만큼 자신이 좋아하는 대상이기 때문에 푹 빠져서 외울 수 있었던 셈이다. '좋아하는 것'을 살려서 자신의 능력을 발휘하는 것도 방법이 아닐까.

생각 힌트

잘하는 것보다 좋아하는 것을 찾아보면 어떨까?

13

자기긍정감이 낮아요.
어떻게 하면 나 자신을 좋아할 수 있을까요?

생각하는 질문

나의 장점은 무엇인가요?
(바로 대답이 떠오르지 않아도 괜찮다.
이 질문에 대한 답을 10초 동안 생각해 보자!)

아직 자기 장점을 못 찾았거나, 단점만 떠오른다는 사람이 있을 수 있다. 그러나 꼭 기억했으면 하는 것이 있다. 사람은 원래 조금 부족하거나 모자란 것에 더 쉽게 눈이 가는 심리가 있다는 사실이다. 인류는 아주 오랜 옛날부터 생존을 위해 수많은 위험과 문제를 감지할 필요가 있었다. 오랜 역사 속에서 몸에 밴 것이다. 그러므로 자신의 단점이나 부족한 점에 눈이 가는 것은 자연스러운 현상이다. 즉, 장점은 적고 단점만 많은 것이 아니다. 단순히 장점보다 단점이 두드러지게 보일 뿐이다.

그렇다면 장점을 보려면 어떻게 해야 할까? 시각을 바꿔야 한다. 이때 유용한 방법이 바로 질문을 하는 것인데 아래 두 가지 질문을 비교해 보자.

"내 장점은 무엇일까?"
"내 단점은 무엇일까?"

질문 방법에 따라 자신의 시각이 바뀐다는 사실을 알아차렸는지 모르겠다. 이렇게 스스로 어떤 질문을 하느냐에 따라 자신의 시각과 사고방식을 바꿀 수 있다.

답이 금방 떠오르지 않아도 괜찮다. '내 장점은 무엇일까?' 이 질문을 매일 나에게 던져 보자.

생각 힌트

자신의 어떤 점이 좋은가?

14

실패하거나 넘어지면 금세 포기해 버려요.
인내심을 기르고 싶어요.

생각하는 질문

인내심이 강해지면 무엇을 하고 싶은가요?

금세 포기한다는 건 전환이 빠르다는 뜻이니 좋은 게 아닐까? 한번 포기했다 하더라도 다시 도전하고 싶어졌을 때 시작하면 된다.

사실 나도 어떤 일을 끈기 있게 한 적이 별로 없다. 흔히 '작심삼일'이라고 하는데 나 역시 시작한 지 3일 만에 그만둘 때도 많다. 하지만 그러다 일주일 정도 지났을 때 의욕이 생기면 다시 시작하기도 한다. 그러면 그 일을 시작한 지 4일째라고 치고 계속해 나간다. 이렇게 하면 마음 편하게 이어갈 수 있다.

무리해서 계속하려고 애쓰기보다 하고 싶은 마음이 들었을 때 언제든지 할 수 있도록 해 보면 어떨까? 도중에 포기하는 게 아니라 잠시 중단하는 셈이다. 잠깐 쉬어 간다고 생각하면 된다. 또 쉬는 동안 다른 일에 도전하고 싶어질 수도 있으니 말이다.

　지금 이런 고민을 안고 있다면 인내심을 기르고 싶은 게 아니라 분명 무언가를 달성해 보고 싶다는 마음이 아닐까. 만약 그렇다면 목표를 달성하는 방법은 여러 가지가 있다는 사실을 기억하기를 바란다.

생각 힌트

강한 인내심이 꼭 필요할까?

15

사소한 일에도 화가 나요.
어떻게 하면 화를 안 낼 수 있을까요?

생각하는 질문

다음에 화가 났을 때는 어떻게 할 생각인가요?

화가 나면 일단 심호흡을 크게 세 번 해 보자. 그리고 화난 감정을 종이에 글로 쓴 다음 구기거나 찢어서 그 감정을 버리자. 화를 마음에 꾹꾹 담아 두는 것은 금물이다. 어떻게 해서든지 밖으로 발산해야 한다.

감정을 조절하기란 매우 어려운 일이다. 무리하게 화를 억누르려고 하면 처음 한두 번은 잘 될지 몰라도 얼마 못 가 그 감정이 폭발하고 만다. 그렇게 되지 않기 위해서라도 감정은 그때그때 털어 버리기를 바란다.

희로애락은 인간의 기본적인 감정이다. 그러니 화가 나는 것도 자연스러운 현상이다. 감정을 무조건 참고 억누를 게 아니라, 그 감정이 생겼을 때 어떻게 대처할 것인지가 더욱 중요하다.

너무 화가 난 나머지 주변 사람들에게 심한 말을 내뱉을 수도 있다. 만약 그랬다면 나중에 상대방에게 정중히 사과하면 된다. 이미 한번 뱉은 말을 주워 담을 수는 없으니 말이다. 사실 어른들도 종종 그럴 때가 있다. 어른도 사람이니까 화가 나는 걸 막을 순 없다.

하지만 다른 사람에게 심한 말을 했다면 '지난번에는 죄송했습니다.'라고 말할 수 있어야 한다. 이건 나중에 사회에 나가서도 필요한 능력이라는 사실을 염두에 두기를 바란다.

생각 힌트

화가 나도 괜찮다.
그다음엔 어떻게 해야 할까?

16

사물을 부정적으로만 생각하게 돼요.
긍정적으로 생각하려면 어떻게 해야 할까요?

생각하는 질문

어떻게 하면 잘 될까요?

사물을 대하는 사고방식은 두 가지가 있다. 바로 '왜?'(Why?)와 '어떻게 하면?'(How?)이라는 사고방식이다.

대개 사람들은 어떤 일이 발생했을 때 '왜?'라는 사고를 하는 경향이 있다. 그런데 이렇게 되면 그다음에는 '(왜) 잘 안 될까?', '(왜) 실패했을까?'와 같은 부정적인 말이 이어지게 된다. 이럴 때는 '왜?'를 '어떻게 하면?'으로 바꿔보자.

'(어떻게 하면) 할 수 있을까?', '(어떻게 하면) 순조롭게 될까?'

전제가 불가능에서 가능으로 바뀌기 때문에 자연스럽게 긍정적인 말이 이어지게 된다. 일부러 긍정적으로 사고하기 위해 애쓰는 게 아니라, 나에게 던지는 물음을 '왜?'에서 '어떻게 하면?'으로 바꾸는 것이다. 이것만으로도 긍정적인 사고방식으로 바꿀 수 있다.

그리고 덧붙여 말해두고 싶은 게 있다. 세상에는 다음과 같은 두 가지 유형의 사람이 있다는 점이다.

· 가능성 추구를 잘하는 사람
· 실패나 실수를 잘 감지하는 사람

항상 부정적으로 생각하는 사람은 실수를 잘 감지하는 사람이다. 이런 유형의 사람은 나중에 일하거나 팀에서 업무를 수행할 때도 매우 도움이 된다. 그 사람 덕분에 위험이나 문제를 피해 갈 수도 있기 때문이다.

미래의 위험이나 실패를 예측해 그 관점을 제시하는 것은 강점이라고 할 수 있다.

생각 힌트

'어떻게 하면?'이라는 사고를 하자.

17

생각을 말로 표현하는 게 어려워요.

생각하는 질문

무엇을 전하고 싶은가요?

자신의 의견을 이야기하는 건 어려울 수 있다. 만약 말로 표현하기가 어렵다면 써 보는 것부터 시작하자.

◆ 어떤 걸 전하고 싶은가?
◆ 무엇을 말하고 싶은가?
◆ 내 생각은 무엇인가?
◆ 내 감정은 어떤가?

이런 질문에 대한 답을 항목별로 써 내려가다 보면 생각이 정리될 것이다. 그걸 순서대로 읽기만 해도 전하고자 하는 바를 상대방에게 전달하기 쉽다.

"나는 이렇게 느껴."

"나는 이렇게 생각해."

"나는 이게 중요하다고 생각해."

이렇게 자신의 느낌이나 생각을 이야기하는 건 무척 중요하다. 나 역시 강연을 준비할 때마다 항상 신경 쓰고 있는 것들이다. 그리고 이때 위에서 소개한 질문을 활용하면 효과적이다. 나 자신에게 질문을 던지면 그 대답을 찾기 위해 생각을 하게 되기 때문이다.

누군가의 말이나 세상 사람들의 생각이 아닌, 바로 자기 자신의 목소리. 그 목소리를 듣게 되기를 바란다.

생각 힌트

나는 어떻게 생각하는가?

18

ㅋㅣ가 작은 게 싫어요.
ㅋㅣ가 컸으면 좋겠어요.

생각하는 질문

싫다고 느끼는 이유는 무엇인가요?
어떻게 되고 싶은가요?
지금 이대로라면 어떤 점이 좋을까요?

왜 키가 크면 좋다고 생각하는가?
만약 키가 크면 어떻게 될까?
그 상태는 내가 정말 바라는 것일까?

만약 그렇다면 키가 커지는 것 이외에는 그걸 실현할 방법이 없는 걸까?

내 주변에도 키가 더 컸으면 좋겠다고 말하던 친구가 있었다. 그 친구는 인기가 많아지기를 원했던 모양인데, 키가 크다고 해서 반드시 인기가 많다고 할 수는 없다. 인기를 얻는 것이 목적이었다면 유머 감각을 기르는 등 다른 방법도 있지 않았을까 생각한다.

나에게 없는 건 가지고 싶어지기 마련이다. 하지만 그게 정말 나에게 필요한 걸까? 지금 나에게 없는 것에 얽매여 계속해서 그 것만 바라면 결국 나 자신이 괴로워진다. 내가 정말 원하는 것에 초점을 맞춰 보자.

내가 정말 바라는 건 무엇일까?

19

야한 생각만 떠오르고 다른 일에 집중이 안 돼요.
이런 제가 이상한 걸까요?

집중이 안 되는 이유는 무엇이라고 생각하나요?
에너지를 무엇으로 발산하면 좋을까요?

야한 생각만 떠올리는 사람이 이상한 사람이라면, 세상 사람의 99퍼센트는 모두 이상한 사람이 되고 말 것이다. 성욕은 인간의 본능이고 기본적인 욕구 중 하나이기 때문이다. 식욕이나 수면욕과 같은 수준에 있는 욕구라는 사실을 알아 두자.

다만 머릿속이 그 생각으로 가득 차서 다른 일에 집중하지 못하는 상태라면 일상생활이나 공부에 지장이 갈지도 모른다. 이런 경우에는 대처가 필요하겠다. 이럴 때는 성에 쏠리는 에너지를 다른 곳으로 발산하는 것도 방법이다. 가장 좋은 방법은 바로 운동이다. 달리기나 근력 운동 등 자신에게 편한 방식을 선택해 몸을 움직여 보자.

이밖에도 규칙적이고 영양 있는 식사나 그림 그리기, 악기 연주 등과 같은 예술적인 활동을 통해서도 성에 집중되는 에너지를 분산할 수 있다. 또 충분한 수면을 취하는 것도 도움이 된다.

여기서 소개한 방법을 모두 실천할 필요는 없다. 어느 것이든 상관없으니 나에게 맞는 에너지 발산 방법을 알아 두자.

생각 힌트

욕구 에너지를 어디에 쓰면 좋을까?

20

자꾸 거짓말을 하게 돼요.

생각하는 질문

원래 전하고 싶었던 바는 무엇인가요?
상대방이 나를 어떻게 생각하기를 바랐나요?

사람은 어떤 때 거짓말을 할까? 함께 떠올려 보자. 남에게 잘 보이고 싶다거나 이런 식으로 보이고 싶지 않다거나 자신을 지키고 싶다거나, 그런 마음이 생겼을 때가 아닐까.

그런데 그건 진짜 내가 아니다. 자신의 진짜 감정을 외면한 채 주변 사람들과 관계를 맺다 보면 진정한 자신의 모습으로 대하기가 어려워질 것이다.

물론 누구나 거짓말할 때는 있다. 그럴 때는 아래와 같은 질문을 활용해 보면 좋다.

◆ 거짓말을 하면 기분이 어떤가?

◆ 원래는 어떤 감정으로 있고 싶었는가?

이런 식으로 나 자신에게 질문해 나감으로써 거짓말하는 횟수를 점점 줄이기를 바란다.

생각 힌트

그 거짓말은 무엇을 위한 거짓말일까?

21

좋은 일이 하나도 없어요.
이대로 살아서 뭐하나 싶은 생각이 들 때가 있어요.

생각하는 질문

무엇이든지 이루어진다면 무엇을 하고 싶은가요?

좋은 일이 하나도 없다고 느껴져 힘들다면 이 질문을 자신에게 던져 보자. 만약 중학생이라면 아직 세상의 1퍼센트 정도밖에 알지 못할 테니 말이다. 아직 모르는 이 세상의 99퍼센트 속에는 분명 즐거운 일도 있을 것이다. 그걸 발견하기 위해 노력하는 것은 충분히 가치 있는 일이다.

'무엇이든 이루어진다면' 무엇을 하고 싶은가? 지금은 좋은 일이 하나도 없다고 느낄 수 있지만, 아직 내가 모르는 세계에는 즐거운 일이 펼쳐질지도 모른다. 그렇게 생각하면 살아갈 힘이 조금은 솟아나지 않을까.

이야기를 하나 소개하겠다. 이전에 한 고등학생에게 '뭐든지 이루어진다면 무엇을 하고 싶니?'라고 물어본 적이 있다. 그랬더니 그 학생은 '악마가 되고 싶어요'라고 대답했다. 그리고 다음과 같은 대화를 나누었다.

나 : "악마가 되면 무엇을 하고 싶은데?"
고등학생 : "세상을 제 마음대로 만들고 싶어요."
나 : "네 마음대로인 세상이란 어떤 세상이야?"
고등학생 : "모두가 평등한 세상이요."
나 : "어떻게 하면 평등한 세상을 만들 수 있다고 생각하니?"

내가 마지막에 던진 질문이 그 학생에게는 생각하는 질문이 되었다. 그 학생은 '어떻게 하면 평등한 세상을 만들 수 있을까…….' 하고 즐거운 얼굴로 곰곰이 생각하기 시작했다.

생각 힌트

무엇이든 자유롭게 할 수 있다면?

11. 자신감이 안 생겨요. 자신감을 키울 수 있는 방법을 알고 싶어요.

⋯→ 나에게 어떤 말을 해 주고 싶은가요?

⋯→ 자신감이 없어도 할 수 있는 일에는 무엇이 있을까요?

12. 잘하는 게 하나도 없어요. 어떻게 하면 발견할 수 있을까요?

⋯→ 응원하고 싶은 친구가 있나요?

⋯→ 친구의 어떤 부분을 도울 수 있나요?

⋯→ 해 보고 싶은 일은 무엇인가요?

13. 자기긍정감이 낮아요. 어떻게 하면 나 자신을 좋아할 수 있을까요?

⋯→ 나의 장점은 무엇인가요?

14. 실패하거나 넘어지면 금세 포기해 버려요. 인내심을 기르고 싶어요.

⋯→ 인내심이 강해지면 무엇을 하고 싶은가요?

15. 사소한 일에도 화가 나요. 어떻게 하면 화를 안 낼 수 있을까요?

⋯→ 다음에 화가 났을 때는 어떻게 할 생각인가요?

16. 사물을 부정적으로만 생각하게 돼요. 긍정적으로 생각하려면 어떻게 해야 할까요?

⋯→ 어떻게 하면 잘 될까요?

17. 생각을 말로 표현하는 게 어려워요.

⋯▸ 무엇을 전하고 싶은가요?

18. 키가 작은 게 싫어요. 키가 컸으면 좋겠어요.

⋯▸ 싫다고 느끼는 이유는 무엇인가요?

⋯▸ 어떻게 되고 싶은가요?

⋯▸ 지금 이대로라면 어떤 점이 좋을까요?

19. 야한 생각만 떠오르고 다른 일에 집중이 안 돼요. 이런 제가 이상한 걸까요?

⋯▸ 집중이 안 되는 이유는 무엇이라고 생각하나요?

⋯▸ 에너지를 무엇으로 발산하면 좋을까요?

20. 자꾸 거짓말을 하게 돼요.

⋯▸ 원래 전하고 싶었던 바는 무엇인가요?

⋯▸ 상대방이 나를 어떻게 생각하기를 바랐나요?

21. 좋은 일이 하나도 없어요. 이대로 살아서 뭐하나 싶은 생각이 들 때가 있어요.

⋯▸ 무엇이든지 이루어진다면 무엇을 하고 싶은가요?

• 3장 •

장래 희망과
진로

22

하고 싶은 일이 없어요.

생각하는 질문

친구와 사이좋게 지내기 위해 무엇을 할 수 있나요?
내가 응원하고 싶은 사람은 있나요?
그 사람을 응원하기 위해 무엇을 할 수 있나요?

하고 싶은 일이 없다는 것은 특별히 나쁜 게 아니다. 하고 싶은 일을 찾는 게 아니라, '무슨 일을 하고 싶은지'를 생각하는 것이 중요하다. 조바심을 낼 필요는 전혀 없다. 다만 아직 하고 싶은 일을 못 찾았다면 지금 해 두면 좋은 두 가지를 실천해 보자.

① 친구 만들기
내가 하고 싶은 일을 발견했을 때 그 친구들이 응원해 줄지도 모르기 때문이다. 주변에 자신을 응원해 주는 사람이 많을수록 꿈을 이루기 쉬운 법이다.

② 꿈을 위해 앞으로 나아가는 친구를 응원하기
꿈을 좇는 사람은 활발한 활동을 하거나 다양한 사람들과 교류하는 경우가 많다. 그런 친구를 곁에 두면 새로운 일을 접하거나 내가 몰랐던 것을 경험할 기회가 점점 늘어나고, 나아가 내가 하고 싶은 일을 더욱 쉽게 찾을 수 있다.

예를 들어

◆ 운동을 열심히 하는 친구가 있다면 그 친구가 나가는 시합을 응원하러 간다.
◆ 성우가 꿈인 친구가 있다면 성우가 되는 방법을 함께 찾아본다.
◆ 친구가 아니라도, 만화가 데뷔를 목표로 자신이 그린 일러스트를 매일 SNS에 게시하는 사람의 그림이 마음에 든다면 그 사람을 팔로우해 본다.

이런 것부터 실천해 보면 어떨까?

생각 힌트

하고 싶은 일을 정말로 지금, 발견하고 싶은가?

23

크면 패션 쪽 일을 하고 싶어요.
그런데 영양사에도 흥미가 있어요.
하고 싶은 일을 딱 하나로 정하기 힘들어요.

생각하는 질문

무엇부터 시작하고 싶은가요?

하고 싶은 일이 많으면 '나는 진짜로 하고 싶은 게 뭘까?', '이도 저도 안 되는 게 아닐까?' 하는 불안을 느낄지도 모른다. 하지만 걱정할 필요는 없다고 본다.

세상에 존재하는 일은 크게 스페셜리스트와 제너럴리스트 이 두 가지로 나눌 수 있다. 스페셜리스트는 한 가지 일에 통달한 전문가를, 제너럴리스트는 다방면에 폭넓은 지식과 경험을 가진 사람을 말한다. 이 세상에는 스페셜리스트와 제너럴리스트가 모두 필요하다.

그러니 이 두 가지를 모두 하고 싶다면 둘 다 해 보면 된다. 하다 보면 자신에게 맞는 일인지 아닌지 알 수 있고, 결국 한 가지 일로 정해질지도 모르니 말이다.

혹은 양쪽을 합치는 형태도 가능할 수 있다. 예를 들어 누군가에게 요리와 패션을 모두 가르치는 사람이 되는 방법도 있다. 이 세상에는 요리를 가르쳐 주는 사람도 옷을 코디해 주는 사람도 아주 많다. 하지만 이 둘을 전문적으로 함께 가르쳐 주는 사람은 드물 것이다.

즉, 자신이 잘하는 분야를 두 가지 이상 조합하면 자신만의 개성으로 삼을 수도 있다.

생각 힌트

하고 싶은 일을 몇 개나 만들고 싶은가?

24

소설가가 되는 게 꿈인데 부모님이나 친구들이 비웃을까 봐 말을 못 꺼내겠어요.

생각하는 질문

꿈을 이루기 위해 혼자서 할 수 있는 일은 무엇이 있을까요?

자신감이 생기지 않거나 부모님이나 친구들이 '무슨 말도 안 되는 소릴 하는 거야', '네가 어떻게 그 꿈을 이룬다고 그래?' 등의 말로 내 꿈을 비웃거나 부정할지 모른다는 생각에 불안을 느낄지도 모른다.

자신의 꿈을 좀처럼 입 밖으로 꺼내지 못하는 마음은 충분히 공감한다. 그럴 때는 꿈을 누구에게도 말하지 않고 먼저 행동으로 옮기는 것도 방법이 아닐까.

사실 나는 초등학생 시절 만화가가 꿈이었다. 하지만 누군가에게 '만화가는 너한테 안 맞아'라는 말을 들을까 봐 혼자서 몰래 그림 연습을 하고는 했다. 그런데 우연히 한 친구가 내 그림을 보더니 '너 그림 진짜 못 그린다'라고 말했다. 나는 그 일로 의욕을 크게 상실했고 결국 만화가의 꿈을 접고 말았다.

누군가 자신의 꿈이나 목표를 부정하거나 비웃으면 '역시 나한테는 안 맞나 봐', '만약 꿈을 이루지 못하면 어떡하지' 하는 불안을 느끼기 마련이다. 그러므로 꿈을 이루겠다는 마음을 유지하기 위해서라도 그 꿈을 나만의 비밀로 삼아보는 건 어떨까. 꽤 괜찮은 방법이 되어줄 것이다.

혼자서 할 수 있는 일이 분명 많을 것이다. 만약 소설가가 되고 싶다면 좋아하는 소설가가 쓴 문장을 연구하거나 실제로 소설을 써 보자. 자신감이 붙거나 다른 사람에게 내 꿈을 말하고 싶다는 생각이 들 때까지 일단 그 행동을 계속해 보는 것도 좋다.

물론 이런 일을 하고 싶다며 꿈에 관해 이야기했을 때, 내 꿈을 응원해 주거나 도움을 주는 사람이 나타날 수도 있다. 그러니 용기가 생긴다면 주변에 이야기하는 것도 괜찮다.

생각 힌트

꿈을 나만의 비밀로 삼으면 어떨까?

25

하고 싶은 일을 해보려고 해도 '실패할지도 몰라', '나한테는 무리야'라는 생각이 들어요.

생각하는 질문

해 보기 전에 포기한다?
아니면, 일단 해 보고 나서 포기한다?
어느 쪽을 선택하면 후회가 안 남을 것 같나요?

실패를 좋아하는 사람은 없다. 그러나 실패를 일찍부터 많이 경험해 보는 편이 좋을 때도 있다.

실제 내 실패담을 소개하겠다. 앞장에서 만화가의 꿈은 접었다고 말했는데 중학생 때는 아이돌이 되는 게 꿈이었다. 당시 일본에서 롤러스케이트를 타면서 노래하거나 백 핸드스프링을 하는 자니스 아이돌 그룹이 인기를 끌었는데 그들을 동경하는 마음이 생겼기 때문이다. 사실 나는 운동신경이 정말 없다. 그래도 꿈을 포기하고 싶지 않았기에 롤러스케이트를 사서 혼자 조용히 연습하고는 했다.

그런데 중학교 3학년 여름, 연습 도중 실수로 그만 뼈가 부러지고 말았다. 나는 구급차에 실려 가서 수술을 받았고 한 달이나 입원해야 했다. 이 일을 계기로 내가 그 꿈을 실현하기란 어렵다는 사실을 확실히 깨달았다. 덕분에 그 후로 아이돌에 대한 미련은 싹 사라졌고 이번에는 게임 프로그래머를 꿈꿨다(결국 그것도 되지 못했지만).

하지만 만약 시도조차 해보지 않고 처음부터 포기했다면 어땠을까? 마음 한구석에 '원래는 아이돌이 되는 게 꿈이었는데' 하는 미련이 남았을지도 모른다. 해보기도 전에 '그건 나한테 무리야!'라고 생각하는 건 자신에게 재능이 없다고 단정하는 것이나 마찬가지다. 하지만 노력하다 보면 재능이 길러질 때도 종종 있다. 다시 말해 하다 보면 할 수 있게 되는 경우가 꽤 있다는 뜻이다.

실제 프로로 활동하는 사람들도 처음부터 매우 잘했던 건 아니다(물론 천재처럼 극히 일부의 사람은 다를지도 모르겠지만). 처음에는 숱하게 실패하고 목표를 달성하지 못할 때도 있었을 것이다.

하지만 그들 모두 포기하지 않고 계속 노력했기 때문에 극복할 수 있었다.

생각 힌트

일단 해 보고 나서 포기하는 것도 방법 아닐까?

26

축구 선수가 되는 게 꿈이었는데
재능이 없다고 느껴서 포기했어요.
그런데 다른 꿈을 찾을 수가 없어요.

생각하는 질문

사람들에게 어떤 부탁을 자주 받나요?
선수 이외에 축구와 관련된 일에는 어떤 게 있을까요?

누구에게나 재능은 있다. 다만 그 재능이 '어떤 재능'인지 발견하기가 어려울 뿐이다. 예를 들어 축구부에 들어갔는데 자신보다 축구를 더 잘하는 사람이 있다고 하자. 그렇다고 해서 나에게는 재능이 없다고 말할 수 있을까? 그렇지 않다, 단지 나보다 잘하는 사람이 있는 것뿐이다.

그럼 타고난 재능은 어떤 걸 말하는 걸까? 재능을 스스로 찾아내기란 쉽지 않다. 스스로는 잘한다고 느끼지 않지만, 친구나 주변 사람들이 부탁하거나 도움을 구하는 일에 자신의 재능이 숨어 있을 때도 있다. 그리고 부탁받은 일을 하다 보니 점점 그 일을 잘하게 되어 결국 그 분야의 프로가 되는 사람도 많다.

나는 고등학교 시절 게임을 만드는 사람이 되고 싶어서 프로그래머라는 목표를 가졌다. 하지만 수학에 너무 재능이 없었던 탓에 일찌감치 포기하고 말았다. 게임을 만드는 사람이 되겠다는 꿈을 접은 셈이다.

그런데 그로부터 몇 년 후에 게임을 만드는 직업에는 프로그래머만 있는 게 아니라는 사실을 알게 되었다. 예를 들어 게임 시나리오 작가나 캐릭터를 설계하는 디자이너 등도 게임 제작에 중요한 역할을 하는 직업이었다. 그리고 그때, 내가 정말 되고 싶었던 건 프로그래머가 아니라 시나리오 작가였다는 걸 깨달았다.

그런 것도 몰랐느냐고 생각할지도 모르겠지만, 나처럼 잘 알지 못해서 꿈을 포기하는 사람들이 생각보다 많을 수 있다.

만약 프로 축구 선수의 꿈을 이루기는 어렵더라도 선수 이외에 축구와 관련된 직업은 여러 가지가 있을 것이다. 다양한 정보를 적극적으로 찾아보자.

생각 힌트

내가 가진 '재능'은 무엇일까?

27

게임 스트리머가 되고 싶지만,
먹고 살 수 있을지 불안해요.

생각하는 질문

세상에는 어떤 직업이 있을까요?
실제로 그 일로 수입을 창출하는 사람에게
이야기를 들어보면 어떨까요?

이러한 불안의 원인은 '모르는 것'에서 비롯된다고 할 수 있다. 그럼 어떻게 하면 불안을 해소할 수 있을까? 그 방법은 아주 간단하다. 모르면 찾아보면 된다. 지금은 인터넷을 사용하면 쉽게 다양한 정보를 수집할 수 있다(단, 인터넷상에는 거짓 정보도 있으니 주의가 필요하다).

예컨대 게임 스트리머가 실제로 어느 정도의 소득을 올리는지, 다른 부업 등은 하지 않는지, 이 직업의 즐거운 점과 힘든 점 등을 조사해 보면 좋다. 어쩌면 그 과정에서 뜻밖의 사실을 발견하거나 깨닫는 점이 생길지도 모른다.

물론 아무리 열심히 조사하더라도 완벽하게 알 수 없다는 사실은 기억하기를 바란다. 또한 다른 사람이 잘 풀린다고 해서 나도 잘 된다는 보장은 없다. 반대로 다른 사람이 잘 풀리지 않는다고 해서 나 역시 실패할 거라고 장담할 수는 없다.

　　하지만 어떻게 하면 순조롭게 해나갈 수 있을지, 잘 풀린다면 어떤 상황일지 등을 어느 정도라도 알고 있느냐 없느냐에는 아주 큰 차이가 있다.

생각 힌트

먼저 '조사하기'부터 시작해 보면 어떨까?

28

이루고 싶은 꿈은 있어요.
하지만 공무원처럼 안정적인 직업을
선택하는 게 나을까요?

생각하는 질문

'하고 싶은' 일은 둘 중 어느 쪽인가요?

어느 쪽이 정답인지는 알 수 없지만 무언가 하고 싶다면 그 마음을 소중히 여기기를 바란다. 사람은 누구나 하고 싶은 일을 할 때 더 의욕적으로 힘을 낼 수 있기 때문이다. 어떤 일을 열심히 하는 사람은 주변 사람들로부터 자연히 응원이나 격려를 받기 쉽다. 그렇게 되면 더 열심히 하려는 마음이 솟아나기 마련이다.

내가 '하고 싶은' 일이 아니면, 그 일을 열심히 하기 위해 또 힘을 쏟아야 한다. 그럼 스스로 상당히 지치게 된다. 나라면 못할 것 같다는 생각이 든다. 그래서 나는 망설여지거나 고민이 될 때는 반드시 이 질문을 스스로 던져 본다.

'이 일은 내가 하고 싶은 일인가? 아니면 하는 편이 좋은 일인가?'

'(실은 하고 싶지 않지만) 하는 편이 좋다'는 생각이 들 때는 주의가 필요하다. 어쩌면 자신을 지치게 하는 길일 수도 있으니 말이다.

생각 힌트

내가 하고 싶은 일인가?

29

미래에는 인공지능(AI)이
인간의 일을 대체한다는데 그에 대비하려면
어떤 능력이나 기술이 필요한가요?

생각하는 질문

어떤 사람과 함께 일하고 싶은가요?
다른 사람들이 계속 필요로 하는 사람은
어떤 사람이라고 생각하나요?

잘 모를 때는 스스로 찾아보는 게 중요하다고 앞장에서 언급한 바 있다. 하지만 미래에 일어날 일은 그 누구도 알 수 없다. 미래를 추측할 수는 있어도 실제로 어떤 일이 펼쳐질지는 모르는 일이다. 그럼 어떻게 해야 하냐고? 이렇게 생각해 보자.

예를 들어 학교 축제의 준비위원을 맡았다고 가정하자. 나라면 다음 두 사람 중에 누구와 함께 일을 하고 싶을까?

학생 A : 능력은 그렇게 뛰어나지 않지만, 친절하고 배려심 있는 사람.
학생 B : 능력은 매우 뛰어나지만, 고집이 세고 화를 잘 내는 사람.

사회에 나갔을 때도 실제 이런 상황을 자주 만나게 된다. 만약 업무상 팀을 꾸려야 한다면 능력이나 기술보다도 '그 사람이 어떤 사람인지'를 중요한 판단 기준으로 삼는 경우가 많다. 이때 상대방이 '이 사람과 같이 일하고 싶다'고 생각하지 않으면, 그 업무를 맡고 싶어도 할 수 없는 셈이다.

물론 그렇다고 능력이나 기술을 갖출 필요가 없다는 뜻은 아니다. 그러나 아무리 AI 기술이 발달한다고 해도 사람과 사람이 만나 일을 할 테니 결국 중요한 것은 그 사람의 '인간성'이 아닐까.

생각 힌트

능력이나 기술보다 중요한 건 무엇일까?

30

미래를 모르는데, 앞으로 진학할 학교를
어떤 기준으로 결정하면 좋을까요?

생각하는 질문

어느 학교에 가면 즐거울 것 같나요?

어떤 기준으로 학교를 선택하든 상관없다. '친한 친구들이 많이 가니까', '선배들이 재미있을 것 같아서', '왠지 즐거울 것 같아서' 등 어떤 이유든 괜찮다. 앞에서도 이야기했듯이 미래에 어떤 일이 펼쳐질지는 그 누구도 알 수 없다. 즉, 미래를 예견하는 건 불가능에 가깝다. 그러니 '미래에 어떻게 될까?' 하고 고민해도 소용없다는 뜻이다.

그보다 중요한 건 '지금 내가 느끼는 감정'이 아닐까. 무엇을 생각했을 때 가슴이 설레는지 곰곰이 생각해 보자. 내가 즐거움을 느낄 수 있는 곳에 가면 그만큼 하고 싶은 일도 찾기 쉽다.

만약 디자이너나 변호사 같은 목표가 있다면 그 꿈을 실현할 수 있는 길을 선택하면 된다. 하지만 아직 명확한 꿈이 없는 사람들이 훨씬 많을 것이다. 그런 사람은 가까이 있는 것부터 생각해 보면 좋다. 그 학교에 어떤 사람들이 다니는지 실제로 견학을 가서 이야기를 들어보는 것도 효과적인 방법이다.

나는 예술계 대학을 다녔는데 예술가가 되고 싶어서 진학한 건 아니다. 왠지 즐거울 것 같아서 그 학교를 선택했다. 그리고 실제 학교에서 여러 교수님과 학생들을 만나면서 다양한 사람과 직업, 세계를 만날 수 있었다. 그때까지는 몰랐던 것을 경험하면서 전혀 다른 일을 발견했고 지금의 '질문가'라는 직업에 이르게 되었다.

처음부터 목표를 정하지는 않았지만, 내가 즐겁게 할 수 있는 쪽을 선택하다 보니 어느새 골인 지점에 다다른 셈이다.

생각 힌트

미래에 대한 생각보다 지금 내 생각은 어떤가?

31

코로나, 재해, 전쟁 등,
앞날에 대한 막연한 불안을 느껴요.

생각하는 질문

여러분에게 소중한 건 무엇인가요?
안심하고 행복하게 지내기 위해서는 무엇이 필요할까요?

현재 세계 각지에서는 질병이나 전쟁 등이 발생하고 있다. 앞으로 다가올 미래에 대해 막연하게 불안을 느끼는 건 당연할지도 모른다. 그럴 때는 세계가 아닌, 자기 자신에게 초점을 맞춰 보자. 내가 안심할 수 있는 것, 행복을 느낄 수 있는 것을 생각하는 것이다.

내 경우는 가족이나 친구처럼 가까운 사람들과 함께 있으면 마음이 편하고 안심이 된다. 그래서 그들을 소중히 여기고 싶고, 내 삶의 중심에 두고 싶다.

어떨 때 행복이나 안정감을 느끼는지 생각해 보자. 만약 가족과 함께 지낼 때가 편안하다면 앞으로 진학할 학교를 선택할 때도 그

부분을 고려해야 한다. 이 경우에는 집에서 통학할 수 있는 거리인지 아닌지가 중요한 판단 기준이 될 수 있다.

만약 도전하기를 좋아하는 사람이라면 계속해서 도전할 수 있는 환경에 자신을 두는 것도 방법이겠다. 유학이나 연수를 갈 기회가 많은 학교가 적성에 맞을 수 있다.

먼저 나에게 무엇이 소중한지를 알고 거기에 초점을 맞춰 보자. 스스로 안심할 수 있도록 만드는 것이다.

생각 힌트

세계나 사회의 행복을 바라기 전에,
나의 행복을 생각해 보면 어떨까?

3장 정리

22. 하고 싶은 일이 없어요.

⋯→ 친구와 사이좋게 지내기 위해 무엇을 할 수 있나요?

⋯→ 내가 응원하고 싶은 사람은 있나요?

⋯→ 그 사람을 응원하기 위해 무엇을 할 수 있나요?

23. 크면 패션 쪽 일을 하고 싶어요. 그런데 영양사에도 흥미가 있어요. 하고 싶은 일을 딱 하나로 정하기 힘들어요.

⋯→ 무엇부터 시작하고 싶은가요?

24. 소설가가 되는 게 꿈인데 부모님이나 친구들이 비웃을까 봐 말을 못 꺼내겠어요.

⋯→ 꿈을 이루기 위해 혼자서 할 수 있는 일은 무엇이 있을까요?

25. 하고 싶은 일을 해보려고 해도 '실패할지도 몰라', '나한테는 무리야' 라는 생각이 들어요.

⋯→ 해 보기 전에 포기한다? 아니면, 일단 해 보고 나서 포기한다? 어느 쪽을 선택하면 후회가 안 남을 것 같나요?

26. 축구 선수가 되는 게 꿈이었는데 재능이 없다고 느껴서 포기했어요. 그런데 다른 꿈을 찾을 수가 없어요.

⋯→ 사람들에게 어떤 부탁을 자주 받나요?

⋯→ 선수 이외에 축구와 관련된 일에는 어떤 게 있을까요?

27. 게임 스트리머가 되고 싶지만, 먹고 살 수 있을지 불안해요.

    ⋯▸ 세상에는 어떤 직업이 있을까요?

    ⋯▸ 실제로 그 일로 수입을 창출하는 사람에게 이야기를 들어보면 어떨까요?

28. 이루고 싶은 꿈은 있어요. 하지만 공무원처럼 안정적인 직업을 선택하는 게 나을까요?

    ⋯▸ '하고 싶은' 일은 둘 중 어느 쪽인가요?

29. 미래에는 인공지능(AI)이 인간의 일을 대체한다는데 그에 대비하려면 어떤 능력이나 기술이 필요한가요?

    ⋯▸ 어떤 사람과 함께 일하고 싶은가요?

    ⋯▸ 다른 사람들이 계속 필요로 하는 사람은 어떤 사람이라고 생각하나요?

30. 미래를 모르는데, 앞으로 진학할 학교를 어떤 기준으로 결정하면 좋을까요?

    ⋯▸ 어느 학교에 가면 즐거울 것 같나요?

31. 코로나, 재해, 전쟁 등, 앞날에 대한 막연한 불안을 느껴요.

    ⋯▸ 여러분에게 소중한 건 무엇인가요?

    ⋯▸ 안심하고 행복하게 지내기 위해서는 무엇이 필요할까요?

• 4장 •

동아리 활동과 학업

32

테니스부 활동을 하고 있는데 슬럼프 때문에 시합에서 매번 져요. 슬럼프를 극복할 방법을 알고 싶어요.

생각하는 질문

잘하고 있는 사람은 어떤 일을 하고 있나요?

슬럼프에 빠지면 무엇을 해도 잘되지 않는다. 노력해도 좀처럼 결과가 나오지 않고 제자리만 맴도는 듯한 상태가 계속된다. 이때는 무언가 변화를 줄 필요가 있다. 예를 들어 연습 방법을 바꾼다거나 휴식을 취하는 것 등이다. 이를 위해서는 관점을 바꾸는 질문을 활용하면 효과적이다.

◆ 잘 되지 않는다면 무엇을 하면 개선할 수 있을까?
◆ 연습을 마쳤을 때 어떤 성과가 나오기를 기대하는가?
◆ 오늘은 무엇이 잘 되었는가?
◆ 어떤 것을 잘하고 싶은가?
◆ 그것을 잘하는 사람은 누구인가?
◆ 그 사람은 어떤 연습을 하는가?
◆ 기술을 어떻게 하면 익힐 수 있을까?

지금까지 해온 방법이나 연습을 그저 똑같이 반복하지 말고, 자신에게 무엇이 부족한지 평소와 다른 관점으로 생각해 보자. 잘하는 사람의 연습 방법을 살펴보는 것도 좋다. 유튜브나 틱톡 등을 통해 다양한 정보를 수집할 수도 있다.

생각 힌트

일단 휴식을 취해보면 어떨까?

33

동아리 선배가 거만한 태도를 보여서
기분이 나빠요.

거만한 태도가 싫은 이유는 무엇인가요?

동아리 선배가 거만한 태도를 보여 마음이 불편하다는 고민을 안고 있다. 그런데 알고 보면 거만한 태도를 보이는 사람이 대하기 더 편할 때도 있다. 이런 유형의 사람은 어떻게 대하면 기분이 좋아지는지 쉽게 파악할 수 있기 때문이다. 자기 편으로 삼기 쉬운 유형이기도 하다. 또 윗사람과 원만하게 지내면 얻게 되는 것도 많다. 모르는 걸 가르쳐달라고 할 수도 있고, 도움을 받을 수도 있으니 말이다.

아니면 아예 '표면적인 관계'라고 선을 긋고 반면교사로 삼아 보는 건 어떨까?

선배의 행동 중 기분 나빴던 일은 전부 메모해 두었다가 자신은 그렇게 되지 않도록 주의하는 것이다. 선배의 행동을 변화시킬 수는 없어도 앞으로의 내 행동을 바꾸는 것은 가능하기 때문이다.

　사람을 대하는 방식은 그 사람과 어디서 만나느냐에 따라 크게 달라지기도 한다. 만약 선배와도 동아리가 아니라 온라인 게임 속에서 우연히 만났다면 전혀 다른 관계가 되었을지도 모른다.

　사람과의 관계는 한곳에서만 이루어지는 게 아니다. 그러니 어쩌면 앞으로 그 선배와의 관계에도 변화가 일어날지도 모른다.

생각 힌트

선배와 어떤 관계가 되고 싶은가?

34

공부는 왜 해야 하나요?
학교 공부가 의미가 있나요?

생각하는 질문

배우면 어떤 점이 좋다고 생각하나요?
어떤 공부라면 해 보고 싶나요?
하고 싶은 공부가 없다면 해 보고 싶은 일은 있나요?

사실 나는 게임을 만드는 사람이 되고 싶어서 프로그래밍을 공부했다. 이처럼 해외여행을 많이 가고 싶다면 영어 공부가 도움이될 테고, 우주 로켓을 개발하고 싶다면 수학 공부를 열심히 해야만 한다. 만약 디자인 관련 직종에 종사하고 싶다면 무슨 공부를해야 할까? 이런 식으로 자신의 미래를 떠올려 보면 배우는 의미역시 발견할 수 있을 것이다.

그럼 아직 하고 싶은 일이 없는 사람은 어떻게 생각하면 좋을까? 먼저 하고 싶은 일이 생기면 자연스럽게 공부할 의욕이 생길테니, 그때 가서 해도 늦지 않는다고 생각할지 모른다. 혹은 나중에 직업의 선택지를 넓히기 위해 일단 공부라도 해 두자고 생각할수도 있다.

예컨대 장래 희망이 의사나 변호사, 공무원 등이라면 시험에 합격해야 하는데, 해당 시험에 응시하기 위해서는 그에 맞는 학력이 필요하다. 학력이 없으면 아예 출발 지점에 설 수 없기 때문이다(물론 자격시험이 필요 없는 직업도 많으니 학력이 전부는 아니지만).

그런데 사실 중요한 사실은 무엇을 공부하느냐가 아니라, '공부하는 방법'을 익히는 걸지도 모른다. 어른이 된 후에도 공부해야 할 때가 있는데, 공부 방법을 습득해 두지 않으면 어떻게 공부해야 할지 몰라서 힘에 부칠 수 있다.

생각 힌트

배움의 끝에는 어떤 좋은 일이 기다리고 있을까?

35

학교 수업을 따라가기 힘들어서 우울해요.

생각하는 질문

어떤 일이면 즐거울 것 같나요?
몰두해 보고 싶은 일은 없나요?

내가 고등학교 3학년 때 바로 이런 상태였다. 수업을 전혀 따라가지 못해서 좌절감에 빠져 있었다. 지금도 그때 당시의 꿈을 꿀 정도다.

만약 그때의 나처럼 지금 여러분도 절망적인 기분을 느끼고 있다면 조금이라도 거기서 벗어나려고 노력하는 게 중요하다. 이것이 내가 가장 해 주고 싶은 말이다.

그러기 위해서라도 공부 이외의 일에 관심을 돌려보자. 내가 몰두할 수 있는 일에는 무엇이 있을까? 동아리 활동도 좋고 취미도 괜찮다. 무언가 즐겁게 할 수 있는 일에 푹 빠져 보자. 그리고 만약 조금이라도 기분이 나아졌다면 아래에 있는 생각하는 질문을 던져 보기를 바란다.

- ◆ 수업을 따라가고 싶은가?
- ◆ 애초에 수업에 따라간다는 것은 어떤 상황을 말하는 걸까?
- ◆ 수업을 따라가지 못하는 이유는 무엇인가?
- ◆ 어떻게 하면 수업에 따라갈 수 있을까?
- ◆ 도움을 줄 사람에는 누가 있을까?

만약 수업을 따라가고 싶다면 질문의 답을 행동으로 옮겨 보자. 당시 나는 질문하는 힘을 아직 갖추지 못해 이렇게까지는 생각하지 못했지만 말이다.

생각 힌트

공부 이외에 즐거운 일은 무엇인가요?

36

공부하려고 해도 의욕이 안 생겨요. 어떻게 하면 의욕이 생길까요?

생각하는 질문

공부를 왜 하려고 하나요?
어떻게 하면 기운이 날 것 같나요?

동기만 있으면 공부하는 일은 어렵지 않다. 참고로 이것은 일종의 법칙과도 같은데, 동기가 있는지 없는지에 따라 실행력에도 차이가 난다. 예컨대 이렇게 생각해 보자.

'배를 채우고 싶다(동기) → 먹는다(행동)'
'대회에서 우승하고 싶다(동기) → 연습한다(행동)'

그러므로 공부의 동기를 찾을 필요가 있다. 동기가 있어야 의욕이 생기기 마련이다.

내 의욕의 근원은 무엇인지 생각해 보자. 의욕에는 '미래로 이어지는 의욕'과 '보상 의욕', 이렇게 두 가지 종류가 있다. 바람직한 의욕은 '변호사가 되고 싶으니까 공부한다'와 같이 미래에 얻고자 하는 바와 연결된다. 반면 바람직하지 않은 의욕은 '게임기를 받을 수 있으니까 공부한다'와 같이 단기적인 보상으로만 이어진다.

보통은 '미래로 이어지는 의욕'이 바람직하지만, 모든 사람이 현재 이런 의욕을 발견할 수 있는 것은 아니다. 따라서 초반에는 '보상 의욕'으로 행동을 촉진하는 방법도 효과적이라고 본다. 나 역시도 시험 점수가 잘 나오면 게임기를 사주겠다던 부모님의 말에 공부를 무척이나 열심히 했던 경험이 있기 때문이다.

생각 힌트

내 '의욕의 근원'은 무엇인가?

37

가고 싶은 고등학교가 있는데
합격할 수 있을지 불안해요.

생각하는 질문

왜 그 고등학교에 가고 싶나요?
그 고등학교에서 어떤 걸 하고 싶은가요?
어떻게 하면 불안을 덜 수 있을까요?

누구나 고민할 법한 상황이다. 물론, 불안하다는 사실을 부정할 필요는 없다. 하지만 그 불안의 크기를 덮을 만큼 마음을 긍정적인 상태로 만드는 것은 중요하다. 사람은 불안을 느끼면 자꾸 부정적으로 생각하게 되기 때문이다. 부정적인 상태에서는 내 능력을 충분히 발휘하기 어렵다. 스스로 생각하는 질문을 던짐으로써 최대한 긍정적인 생각을 해 보자.

그것과는 별개로 불안을 해소하기 위해 스스로 행동하는 것도 중요하다. 그런데 우리는 합격 여부를 알 수 없는 상황에서 왜 불안해지는 걸까? 예를 들어 공부 시간을 더 확보해야 한다고 생각하거나, 성적이 잘 나오지 않는 과목 등도 이유가 될 수 있다.

이런 경우에는 가고 싶은 학교의 과거 기출문제를 충분히 풀어 보는 게 대안일 수 있겠다. 앞에서도 말했듯이 불안의 원인은 바로 모르는 것에서 비롯된다. 그러므로 과거 기출문제를 충분히 풀어봄으로써 시험 출제 경향을 알게 되면 불안한 마음이 조금은 가벼워지지 않을까.

불안의 크기를 덮을 만큼 의식적으로 긍정적인 생각을 하기, 불안 해소를 위해 내가 할 수 있는 일을 생각하기. 이 두 가지를 꼭 실천해 보기를 바란다.

생각 힌트

어떤 미래에 초점을 맞추면 좋을까?

4장 정리

32. 테니스부 활동을 하고 있는데 슬럼프 때문에 시합에서 매번 져요. 슬럼프를 극복할 방법을 알고 싶어요.
   ⋯➙ 잘하고 있는 사람은 어떤 일을 하고 있나요?

33. 동아리 선배가 거만한 태도를 보여서 기분이 나빠요.
   ⋯➙ 거만한 태도가 싫은 이유는 무엇인가요?

34. 공부는 왜 해야 하나요? 학교 공부가 의미가 있나요?
   ⋯➙ 배우면 어떤 점이 좋다고 생각하나요?
   ⋯➙ 어떤 공부라면 해 보고 싶나요?
   ⋯➙ 하고 싶은 공부가 없다면 해 보고 싶은 일은 있나요?

35. 학교 수업을 따라가기 힘들어서 우울해요.
   ⋯➙ 어떤 일이면 즐거울 것 같나요?
   ⋯➙ 몰두해 보고 싶은 일은 없나요?

36. 공부하려고 해도 의욕이 안 생겨요. 어떻게 하면 의욕이 생길까요?
   ⋯➙ 공부를 왜 하려고 하나요?
   ⋯➙ 어떻게 하면 기운이 날 것 같나요?

37. 가고 싶은 고등학교가 있는데 합격할 수 있을지 불안해요.

⋯▸ 왜 그 고등학교에 가고 싶나요?

⋯▸ 그 고등학교에서 어떤 걸 하고 싶은가요?

⋯▸ 어떻게 하면 불안을 덜 수 있을까요?

• 5장 •

이성 친구와 연애

38

좋아하는 이성 친구가 없어요.
좋아하는 사람이 있는 편이 나은가요?

생각하는 질문

어떤 사람이면 좋아하게 될 가능성이 있을까요?

"얘랑 쟤랑 사귄대."
"좋아하는 애 있어? 누군지 가르쳐 줘."

친구들 사이에서 이런 대화를 들으면 좋아하는 사람이 있는 게 부러울지도 모른다.

하지만 좋아하는 사람은 만든다기보다 저절로 생기는 것이다. 억지로 만들 수는 없다고 생각한다. 좋아하는 사람이 자연스럽게 생길 때까지 기다려보는 것도 좋지 않을까.

그리고 지금은 '좋아한다'는 것에도 다양한 형태가 있다. LGBTQ라는 말이 있는데 세상에는 남자를 좋아하는 남자도 있는가 하면 여자를 좋아하는 여자도 있다. 한편 어떤 상대에게도 성적 끌림을 느끼지 못하는 '에이섹슈얼(Asexuality)'인 사람도 있다.

그러므로 좋아하는 사람이 생기지 않는다고 이상하게 여기지 않아도 된다. 조바심을 내거나 무리해서 만들 필요는 없지 않을까.

생각 힌트

좋아하는 사람이란 어떤 존재일까?

39

연예인이나 애니메이션 캐릭터에만 마음이 끌려요. 제가 이상한 걸까요?

생각하는 질문

그 사람이나 캐릭터의 어떤 점이 매력적인가요?

이상하다고 느낄 필요는 전혀 없다고 생각한다.

만약 좋아하는 대상이 사람이라면 내 주변에 있는 사람이든, TV 속의 연예인이든, 만화나 애니메이션에 등장하는 캐릭터든 큰 차이는 없지 않을까.

그 대상이 누구든 무언가를 좋아하는 마음을 품는다는 건 매우 좋은 일이라고 생각한다. 오히려 내가 그 연예인이나 캐릭터에 왜 끌리는지, 그 이유를 깊이 생각해 보는 것도 좋다.

연예인이나 캐릭터라고 해서 다 좋아하는 건 아닐 테니 말이다. 그 캐릭터의 어떤 점이 좋은지, 분명 자신이 매력을 느끼는 부분 이 있을 것이다.

그걸 발견한다면 비슷한 매력을 지닌 사람이나 물건을 더 많이 발견할 수 있지 않을까. 내가 좋아하는 사람이나 물건을 더 쉽게 만나게 될지도 모른다.

생각 힌트

그 대상을 좋아하는 이유는 무엇일까?

40

인기 있는 사람이 되고 싶어요.

생각하는 질문

내가 생각하는 멋있는 사람, 예쁜 사람이란 어떤 사람인가요?
그런 사람에게 다가가기 위해서 무엇을 할 수 있을까요?

솔직한 고민거리다. 이렇게 내 감정을 솔직하게 마주하고 질문할 수 있다는 건 무척 바람직하다고 생각한다. 사실 나도 인기를 얻는 확실한 비결은 잘 모르지만, 도움이 될만한 조언을 하나 소개하겠다.

이건 인기를 얻을 때뿐만이 아니라 공부나 운동을 비롯해 장래의 직업 등 다양한 면에서 응용할 수 있으니 꼭 기억해 두기를 바란다.

추천하고 싶은 방법은 바로 '모방'이다. 모방은 매우 중요하다. 성실한 사람일수록 '모방을 부정적으로' 생각하는 경향이 있지만, 그렇지 않다. 사실 잘되는 사람은 모방을 잘하는 사람이라고 말할 수 있다.

인기를 얻고 싶다면 가장 간단한 방법은 주변 사람 중 인기가 많은 사람을 따라 하는 것이다. 그 사람의 옷차림이나 말투, 행동 등을 자세히 관찰해보자.

그리고 가능하면 여러 명을 관찰하는 편이 좋다. 그들의 성격이나 취향은 다르더라도 '공통점'을 찾아낼 수 있기 때문이다. 또는 인기가 많은 사람과 친한 사이라면 인기 있는 비결을 직접 물어보는 것도 효과적인 방법일 수 있다. 의외로 친절하게 가르쳐줄지도 모른다.

생각 힌트

인기가 많은 사람은 어떻게 행동할까?

41

관심이 가는 사람이 있는데,
어떻게 말을 걸면 좋을까요?

생각하는 질문

그 사람의 어떤 점이 좋은가요?
서로 공통되는 취미나 친구가 있나요?
그 사람에게 어떤 걸 물어보고 싶나요?

대개 친구 사이에서는 서로 공통점이 있거나 공통의 관심사가 있으면 친해지기 쉽다. 관심이 가는 사람에게 말을 걸 때도 마찬가지라고 본다. 만약 좋아하는 가수가 같다면 다른 주제보다 그 가수를 화제로 삼는 편이 훨씬 수월하게 대화할 수 있다.

또, 상대방이 야구를 좋아한다면 응원하는 야구팀이나 선수를 물어보자. 그럼 신이 나서 가르쳐주지 않을까. 그 이야기를 즐겁게 들어준다면 분명 대화가 계속 이어질 것이다.

하지만 그렇다고 갑자기 말을 걸기엔 어색할 수도 있다. 만약 나라면 일단 서로의 공통되는 친구를 찾을 것이다. 그 친구와 맺은 관계의 연장선에서 공통의 관심사를 다룬 이야기가 나왔을 때 자연스럽게 말을 거는 방법을 선택할 것 같다.

　핸드폰 메신저로 메시지를 주고받는 사이가 된 경우에도 대화의 기본은 같다. 대화가 잘 이어지지 않는다면 상대방이 잘 모르거나 관심 없는 것을 물어보지 않았는지, 혹은 자신에 관한 이야기만 늘어놓지 않았는지 한번 생각해 볼 필요가 있다.

생각 힌트

어떤 주제라면 상대방이 편하게 이야기할 수 있을까?

42

좋아하는 사람이 있어요.
용기 내서 고백하는 방법을 알려 주세요.

생각하는 질문

어떤 상태라면 고백할 수 있을까요?
어떤 준비가 되면 고백하기로 마음먹을 수 있나요?

이건 마음의 문제이기도 하다. 즉, '용기를 내도 된다'는 마음 상태를 만들 수 있다면 고백할 수 있을 것이다.

내가 어떤 마음 상태가 되면 용기를 낼 수 있을까? 애초에 용기 낼 수 있는 상태란 어떤 상태를 말하는 걸까? 스스로 질문해 보고 답을 찾아보자. 그리고 마음이 정리되었을 때, 바로 그때가 고백할 타이밍이다.

고백뿐만이 아니다. 살다 보면 앞으로도 용기를 내야 할 상황을 마주하게 된다. 어떤 식으로 마음을 가다듬으면 용기 낼 수 있는지를 알아 두면 적어도 그 상태를 갖추기 위한 준비를 할 수 있다.

기껏 조언해 놓고 이런 말을 하긴 그렇지만, 실은 나는 지금의 아내에게 마음을 가다듬기도 전에 고백하고 말았다. 감정이 앞섰기 때문이다. 아내와는 친구로 지낸 기간이 매우 길었고 좋아하는 마음은 있었지만, 좀처럼 그 마음을 전할 용기가 나지 않았다.

　그런데 그때는 어째서인지 아내를 향한 마음이 가득 차올라서 어떻게든 그 마음을 빨리 전하고 싶었다. 마음을 가다듬지도 못한 채 말이다. 내가 말하고 싶은 건 마음을 가다듬지 못했어도 잘 풀릴 때도 있다는 점이다.

생각 힌트

어떻게 하면 마음을 가다듬을 수 있을까?

43

교제하는 이성 친구와 만나지 못할 때
보고 싶은 마음을 어떻게 해결하면 좋을까요?

생각하는 질문

다음에 만나면 뭘 하고 싶나요?
이성 친구의 어떤 점이 좋은가요?

이성 친구를 만나지 못해 외로울 때는 관심을 다른 곳으로 돌리는 게 중요하다. 머릿속에 이성 친구를 만날 수 없다는 생각만 가득하면 사고가 부정적으로 흘러갈 수 있기 때문이다. 그러므로 다음에 만나면 어떤 즐거운 일이 있을지, 긍정적인 상상을 해 보자.

또 자신이 몰두할 수 있는 일이나 해보고 싶은 일을 찾아보자. 그 일을 이성 친구를 만날 수 없는 시간에 실천해 보면 좋다. 만나지 못하는 시간이 있기에 가능한 일도 있기 마련이다.

일생에 누군가를 좋아할 기회는 그리 많지 않다. 그러니 '누군가를 좋아하는' 감정을 소중하게 여기면 좋겠다. 그 감정은 다름 아닌 내 안에서 생겨난 것이니 말이다. 그리고 서로 즐거울 때뿐만 아니라 괴로운 일이 있더라도 충분히 경험하고 느껴보길 바란다.

흔히 '사랑은 맹목적'이라고 표현한다. 누군가를 좋아하게 되면 오로지 그 사람만 보이고 주변이 보이지 않는다는 뜻이다. 그런데 가장 안타까울 때는 상대방조차 보이지 않게 되었을 때라고 생각한다. 상대방이 보이지 않는다는 건 다시 말해 자기중심적으로 보고 있다는 의미다. 예를 들어 '(상대방이) 조금 더 이렇게 해주었으면 좋겠다', '(상대방은) 왜 이렇게 해주지 않을까' 하고 자신의 욕구가 커지면 상대방이 보이지 않게 된다.

사람과 사람이 이어질 때는 바로 상대방 처지에서 생각할 때가 아닐까. 만약 내 감정만 내세우고 있다고 느꼈다면 좋아하는 사람을 위해 무엇을 할 수 있는지, 좋아하는 사람을 어떻게 하면 기쁘게 할 수 있는지와 같은 질문을 던져 보길 바란다.

생각 힌트

좋아하는 사람을 보고 있는가?

38. 좋아하는 이성 친구가 없어요. 좋아하는 사람이 있는 편이 나은가요?

　⋯ 어떤 사람이면 좋아하게 될 가능성이 있을까요?

39. 연예인이나 애니메이션 캐릭터에만 마음이 끌려요. 제가 이상한 걸 까요?

　⋯ 그 사람이나 캐릭터의 어떤 점이 매력적인가요?

40. 인기 있는 사람이 되고 싶어요.

　⋯ 내가 생각하는 멋있는 사람, 예쁜 사람이란 어떤 사람인가요?

　⋯ 그런 사람에게 다가가기 위해서 무엇을 할 수 있을까요?

41. 관심이 가는 사람이 있는데, 어떻게 말을 걸면 좋을까요?

　⋯ 그 사람의 어떤 점이 좋은가요?

　⋯ 서로 공통되는 취미나 친구가 있나요?

　⋯ 그 사람에게 어떤 걸 물어보고 싶나요?

42. 좋아하는 사람이 있어요. 용기 내서 고백하는 방법을 알려 주세요.

　⋯ 어떤 상태라면 고백할 수 있을까요?

　⋯ 어떤 준비가 되면 고백하기로 마음먹을 수 있나요?

43. 교제하는 이성 친구와 만나지 못할 때 보고 싶은 마음을 어떻게 해결
하면 좋을까요?

    ⋯➤ 다음에 만나면 뭘 하고 싶나요?

    ⋯➤ 이성 친구의 어떤 점이 좋은가요?

· 6장 ·

가족관계

44

부모님이 제 진로를 반대하세요.
어떻게 하면 설득할 수 있을까요?

생각하는 질문

부모님이 반대하시는 이유는 무엇이라고 생각하나요?
부모님의 본심은 무엇일까요?
나는 어떤 길로 가고 싶은가요?

나 역시 대학 진로를 놓고 부모님과 대립한 적이 있다. 나는 전문대에 가고 싶었지만, 부모님의 반대 때문에 어쩔 수 없이 대학에 진학했다. 하지만 대학에서는 정말 멋진 경험을 할 수 있었고, 어떤 길로 가더라도 내가 바라는 인생을 살 수 있다는 사실을 깨달았다. 내 경우 결국에는 이 길로 가기를 잘했다고 느낄 때가 많다.

목표를 향해 그 길을 똑바로 나아가는 것도 중요하지만, 다른 길로 가게 되었다고 해서 인생의 가능성이 없어지는 건 아니다.

'어떤 길을 가든 인생의 가능성은 변하지 않는다'

내가 경험하며 깨달은 바이다. 진로를 놓고 고민한다면 이 말을 기억하길 바란다. 만약 부모님이 반대하신다면 이 메시지를 염두에 두고 다음 두 가지 단계로 생각해 보면 좋겠다.

① 부모님이 반대하시는 이유를 아는 것
부모님이 자녀를 부정하고 싶어서는 아닐 것이다. 반대하시는 진짜 이유와 마음을 생각해 보자. 대개 자녀의 미래에 대한 걱정 때문에 반대하시는 경우가 많다. 그런 이유라면 부모님을 안심시키기 위해 어떻게 하면 될지 고민해 볼 수 있겠다.

② 내가 이 길을 가고 싶은 이유를 부모님께 전하는 것
즉흥적인 마음이 아니라는 것을 잘 설명할 필요가 있다.

마지막으로 내 에피소드를 소개하겠다. 스물아홉, 회사가 경영난에 빠져 직업을 잃었고 그 후 코칭의 길을 꿈꿨다. 그러나 부모님께서는 밥이나 먹고 살겠냐며 내 뜻을 반대하셨다.

결국 나는 코칭에 대해 연구하며 매일 질문을 하나씩 만들었다. 그리고 현재 질문가로 활동 중이다. 지금은 부모님께서도 나를 응원하고 계신다. 당시에는 3년 안에 결과를 못 내면 부모님의 초밥 가게에서 일하겠다는 약속까지 해야 했지만 말이다.

생각 힌트

어떤 행동을 해 왔는가?

45

부모님에게 '음치'라는 말을 들은 이후로
사람들 앞에서 노래를 부르지 못하게 됐어요.

생각하는 질문

자신에게 어떤 말을 해 주고 싶나요?

말에는 큰 힘이 있다. 다른 사람에게 기운을 주기도 하지만 상처를 주기도 한다. 누군가 무심코 던진 말 한마디에도 상대방은 큰 영향을 받을 수 있다.

사람의 감정은 말로 형성된다고 생각한다. 그리고 말에는 '자신의 말'과 '타인의 말'이 있다. 부모님에게 '너는 음치구나'라는 말을 듣고 자신도 '나는 음치라서 노래를 못 한다'고 생각하면 자기 긍정감은 낮아질 수밖에 없다. 그러나 반대로 '너는 노래를 잘하는구나'라는 말을 듣고 자신도 '나는 노래를 잘한다'고 생각하면 자기긍정감이 높아진다. 물론 이 형태가 가장 바람직하다.

하지만 늘 상대방에게 긍정적인 말만 들을 수는 없다. 그럴 때야말로 나 자신에게 긍정의 말을 걸어 주어야 한다. 자신의 말을 긍정적으로 바꾸거나 긍정적인 말의 양을 늘림으로써 자신의 감정을 만들어 나가는 것이다.

'타인의 말'에 휘둘려 '자신의 말'까지 부정적으로 변하게 두어서는 안 된다. 나 자신에게 긍정의 말을 거는 일은 처음에는 부끄러울 수도 있고, 과연 효과가 있을지 의문을 느낄지도 모른다. 하지만 이 방법은 분명 효과가 있으니 꼭 실천해 보기를 바란다.

자신을 긍정하는 말을 늘리면 자연스레 감정이 바뀐다. 먼저 말이 있고, 그다음에 감정이 생긴다. 그리고 감정이 변하면 행동도 바뀌는 법이다.

생각 힌트

스스로 '잘한다'고 생각한다면 그걸로 된 거 아닐까?

46

부모님께 폐만 끼치는 것 같아요.
부모님께 인정받고 싶어요.

생각하는 질문

지금 잘하고 있다고 생각하는 일에는 무엇이 있나요?
잘 해냈다고 생각하는 일은 무엇인가요?

물론 부모님께 인정을 받으면 기쁠 것이다. 하지만 그 전에 자신을 스스로 인정하고 있는지 한번 생각해 보자. 만약 그렇지 않다면 먼저 자신을 인정해 줄 필요가 있다.

이런 말을 하는 이유는 자신을 스스로 인정하지 못하면 앞으로도 평생 '누군가에게 인정받고 싶다'는 생각에 얽매여 살게 되기 때문이다.

예를 들어 '상사에게 높은 평가를 받고 싶다', '배우자에게 칭찬받고 싶다', 'SNS에서 좋아요를 많이 받고 싶다' 등과 같이 끝없는 인정을 갈구하게 된다. 인정받고 있다고 느낄 때는 괜찮지만 그렇지 않을 때는 무척 괴로워지기도 한다.

아무리 작은 일이라도 괜찮다. 자신이 해낸 일을 하나씩 살펴보자. 그러다 보면 내가 생각보다 여러 가지 일을 하고 있다는 사실에 놀랄 때가 있다. 그러면 '이 정도면 괜찮아!', '나는 이대로도 괜찮아!'라고 생각하게 될 것이다.

이미 스스로 만족하기 때문에 누군가에게 인정받기를 원하며 필요 이상으로 괴로워할 필요가 없게 되는 것이다. 그리고 자녀가 부모님께 폐를 끼치는 건 당연한 일이다. 폐를 끼친다기보다 부모님을 의지하고 있다고 해야 맞는 표현이 아닐까?

인생에는 두 시기가 있다. 부모님을 의지하는 시기와 부모님께 효도하는 시기다. 지금은 부모님을 의지하고 있지만, 10년 혹은 20년 후에는 '부모님을 위해 뭘 할 수 있을까?'라는 생각을 하고 있을지도 모르는 일 아닌가. 또 먼 미래가 아니라 일 년에 한두 번이라도 부모님께서 기뻐하실 만한 일을 실천해 보는 것도 효도라고 생각한다.

때로는 부모님을 의지하기도 하고 때로는 부모님께 효도하는 것. 그것만으로도 충분하다.

생각 힌트

인정받는 것도 좋지만 스스로 인정해 주면 어떨까?

47

부모님이 사사건건 잔소리를 하셔서 짜증나요.

생각하는 질문

부모님이 어떻게 대해 주시기를 바라나요?
나는 부모님을 어떻게 대하고 싶나요?
어떤 모습을 보이고 싶은가요?

마음속에 불편한 감정이 가득 찬 상태로 보인다. 하지만 그건 정신적으로 그다지 좋지 않다. 마음속에 쌓아두지 말고 최대한 감정을 발산할 필요가 있다.

앞에서도 소개했듯이 이럴 때는 내가 느끼는 감정을 종이에 쓴 다음, 그걸 힘껏 구기거나 찢어버리면 감정 해소에 도움이 된다. 다른 사람의 행동을 조절할 수는 없으므로 부모님의 잔소리를 멈추게 하기란 어려운 일이다.

그래서 실제 나는 고민 끝에 이런 방법을 사용했다.

'부모님의 말씀은 흘려보내고, 마음만 받아들인다'

왜 이런 방법을 취했는가 하면, 부모님의 잔소리는 나에 대한 걱정에서 온다는 사실을 알았기 때문이다. 부모님이 잔소리하시거나 반대하실 때마다 '부모님은 왜 이런 말씀을 하실까?' 하고 몇 번이고 나에게 질문을 던지며 생각해 보았다. 그 결과 '걱정하는 마음' 때문임을 확신했다.

그래서 그 후로는 부모님의 말씀 가운데 나를 걱정하는 마음에서 비롯된 말은 모두 흘려보냈다. 그 대신 '걱정하고 계시는구나' 하고 마음만큼은 받아들였다. 부모님의 지시에 모두 따를 필요는 없다. 그러나 자식을 사랑하는 마음에서 비롯된 말들일 테니 그 마음만은 받아들여 보기를 바란다.

생각 힌트

부모님 말씀은 흘려보내고 마음만 받아들이면 어떨까?

6장 정리

44. 부모님이 제 진로를 반대하세요. 어떻게 하면 설득할 수 있을까요?

⋯▸ 부모님이 반대하시는 이유는 무엇이라고 생각하나요?

⋯▸ 부모님의 본심은 무엇일까요?

⋯▸ 나는 어떤 길로 가고 싶은가요?

45. 부모님에게 '음치'라는 말을 들은 이후로 사람들 앞에서 노래를 부르지 못하게 됐어요.

⋯▸ 자신에게 어떤 말을 해 주고 싶나요?

46. 부모님께 폐만 끼치는 것 같아요. 부모님께 인정받고 싶어요.

⋯▸ 지금 잘하고 있다고 생각하는 일에는 무엇이 있나요?

⋯▸ 잘 해냈다고 생각하는 일은 무엇인가요?

47. 부모님이 사사건건 잔소리를 하셔서 짜증 나요.

⋯▸ 부모님이 어떻게 대해 주시기를 바라나요?

⋯▸ 나는 부모님을 어떻게 대하고 싶나요?

⋯▸ 어떤 모습을 보이고 싶은가요?

마치며

마지막까지 이 책을 읽어 주셔서 감사합니다.

이 책이 여러분의 '생각하는 힘'을 익힐 계기가 되었기를 바랍니다.

저는 인생에서 가장 필요한 힘이란, '스스로 생각하고 스스로 답을 내는 힘'이라고 생각합니다. 그리고 답을 끌어내기 위해서는 자신에게 어떤 '질문'을 하는지가 중요합니다. 이것은 제가 50년 가까이 살아오면서 깨달은 사실입니다. '조금 더 빨리 깨달았다면 얼마나 좋았을까' 하고 제가 유일하게 후회하는 일이기도 하지요.

세상의 질문에는 객관식 시험의 정답처럼 '한 가지 정답'만 존재하지는 않습니다. 그래서 정답을 찾는 것이 아니라, 항상 '나만의 답을 만들어 내는' 과정이 필요합니다. 그 답의 맞고 틀림을 확인하는 것은 중요하지 않습니다. 자신의 답을 계속해서 만들어 내는 것이 훨씬 중요하지요. 스스로 답을 생각해 낼 수 있다면, 다른 사람의 의견에 휩쓸리는 인생을 살지 않아도 될 뿐만 아니라, 후회하는 일도 훨씬 줄어들 것입니다.

저 역시 질문의 힘과 관련된 일을 하기 전에는 계속해서 혼자 답을 찾던 시절이 있었습니다.

어떤 진로로 나아가면 좋을까?
어떤 직업에 종사하면 좋을까?
어디에 거주하면 좋을까?

조언을 듣기 위해 많은 사람을 찾아가 보았지만, 그들의 이야기를 들으면 들을수록 망설임만 커지더군요. 그러다 '답이란, 누군가로부터 듣는 것이 아니라 스스로 만들어 내는 것'이라는 사실을 깨달았고, 그 순간 비로소 제 인생이 시작되었다고 느꼈습니다.

또 한 가지, 당부드리고 싶은 것이 있습니다. 너무 혼자서만 애쓰지 말고, 주변 사람들을 의지하며 살아가시면 좋겠습니다. 고민이 있거나 힘들 때, 스스로 내놓은 답 이외에도 여러분을 늘 응원하는 가족과 친구들이 있다는 사실을 기억하시기를 바랍니다. 이 책 역시 많은 분의 도움이 있었기에 하나의 작품으로 만들 수 있었습니다.

마지막으로 이 책을 읽어주신 여러분께도 감사드립니다. 앞으로도 멋진 답을 만들어 내며 나다운 인생을 보내시기를 바랍니다.

오키나와의 아름다운 하늘을 바라보며
마쓰다 미히로

13 SAI KARA NO KANGAERU RENSHU

열다섯, 고민이 있어요

초판인쇄 2024년 08월 30일
초판발행 2024년 08월 30일

지은이 마쓰다 미히로
옮긴이 일본콘텐츠전문번역팀
발행인 채종준

출판총괄 박능원
국제업무 채보라
책임번역 김예진
책임편집 조지원
디자인 김예리
마케팅 전예리 · 조희진 · 안영은
전자책 정담자리

브랜드 크루
주소 경기도 파주시 회동길 230 (문발동)
투고문의 ksibook13@kstudy.com

발행처 한국학술정보(주)
출판신고 2003년 9월 25일 제406-2003-000012호
인쇄 북토리

ISBN 979-11-7217-470-5 43190

크루는 한국학술정보(주)의 지식 · 교양도서 출판 브랜드입니다.
세상의 모든 지식을 두루두루 모아 독자에게 내보인다는 뜻을 담았습니다.
지적인 호기심을 해결하고 생각에 깊이를 더할 수 있도록, 보다 가치 있는 책을 만들고자 합니다.